MANUEL GASSER

ERINNERUNGEN UND BERICHTE

Manuel Gasser

MANUEL GASSER

ERINNERUNGEN UND BERICHTE

HERAUSGEGEBEN VON KLARA OBERMÜLLER

IM VERLAG DER ARCHE IN ZÜRICH

Verlags AG «Die Arche», Zürich
Printed in Switzerland by Schüler AG Biel
ISBN 3 7160 1745 0

INHALT

7 Vorwort

ERINNERUNGEN

15 Lou Marquès
26 Das provenzalische Jahr
41 Pariser Leben
57 Eduard Korrodi
66 Jean Cocteau
81 Die Liebe zu den Matrosen
92 Karl von Schumacher und die Gründung der «Weltwoche»

BERICHTE

113 Jene Steppe mitten in Berlin
119 Kriminelle Jugend in Berlin
127 Das andere Berlin
134 Im Geisterzug durch Deutschland
143 Von Fürst zu Fürst – eine herbstliche Reportage
163 Thomas Mann in Deutschland
170 Der Vikar von Northampton
178 Kew Gardens, Anfang Mai
183 Der Meergott am Boulevard Montparnasse
189 Augenschein in Paris
198 Das Recht auf die private Sphäre

204 Quellen

MANUEL GASSER
(1909–1979)

Über seine erste Sammlung von Feuilletons, den 1964 erschienenen Band «Welt vor Augen», habe er, so berichtete Manuel Gasser an der Feier zu seinem 70. Geburtstag, ein Wort aus dem «Prediger Salomo» stellen wollen. Das Wort heißt: «Und alles, was meine Augen wünschten, das ließ ich ihnen und wehrete meinem Herzen keine Freude, daß es fröhlich war von all meiner Arbeit; und das hielt ich für mein Teil von aller meiner Arbeit. Da ich aber ansah alle meine Werke, die meine Hand getan hatte, siehe da war es alles eitel und Jammer und nichts mehr unter der Sonne.» Der Band ist damals ohne dieses Leitwort erschienen; «aber», so fügte Manuel Gasser bei, «ich stehe heute noch dazu.»

Wenige Wochen nachdem er dies erzählt hatte, ist Manuel Gasser gestorben. Die Worte aus dem «Prediger» sind so etwas wie ein Vermächtnis geworden. Deshalb sollen sie jetzt hier über diesem Band stehen, der nachgelassene Erinnerungen und eine Reihe früher, kaum mehr greifbarer Arbeiten Manuel Gassers enthält. Wer den Autor dieser Erinnerungen und Feuilletons kannte, weiß, daß es falsch wäre, nur den letzten, den demütig-pessimistischen Teil des Bibelwortes zu hören; sein Anfang ist ebenso kennzeichnend für Manuel Gassers Haltung dem Leben und der Arbeit gegenüber. «Und alles, was meine Augen wünschten, das ließ ich ihnen und wehrete meinem Herzen keine Freude, daß es fröhlich war von all meiner Arbeit» – dazu bekannte er sich von früh auf bis in die letzten Tage seines Lebens hinein. Manuel Gasser war ein Mensch, der die Welt mit den Augen in sich aufnahm, der sah, was andere übersahen, und schreibend sichtbar machte, woran andere achtlos vorübergingen. Darin bestand der Wert seiner Arbeit, die Freude seines Lebens. Eine Trennung von beidem hat er nie gekannt.

Manuel Gasser war fünfzehn, als seine ersten kleinen Feuilletons in den «Luzerner Neuesten Nachrichten», später im «Luzerner Tagblatt» und im Berner «Bund» erschienen. «Meine Wallfahrt zum Muzot» hieß eines davon. In diesem kurzen Stück Prosa ist schon alles enthalten, was das Besondere auch seiner späteren Arbeiten ausmachte: das Ergriffen-Sein durch die Kunst und das Erfühlen der Landschaft, aus der sie hervorgegangen ist. «Ich war gekommen, um zu forschen, zu schauen, und nun *erlebte* ich!», steht da. Und zum Schluß hin heißt es: «Das war der Gewinn meiner Wallfahrt: Ich lernte die einfachen Dinge in ihrer Tiefe erfassen, lernte die Schwingungen ihrer Seele kennen, lernte sie lieben.» Die Fähigkeit, dieses Erleben an den Leser weiterzugeben durch das Wort, hat Manuel Gasser in hohem Maße besessen.

Daß einer, der so an die Dinge, die Menschen, die Werke der Kunst heranging, es an akademischen Lehranstalten nicht lange aushalten würde, ist nicht weiter verwunderlich. Manuel Gasser verließ das

Evangelische Lehrerseminar Muristalden in Bern ohne Diplom. Gerade zwanzigjährig geworden, ging er nach Südfrankreich und holte sich fortan seine Bildung dort, wo sie sich wirklich verborgen hält: vor Ort, in der unmittelbaren Begegnung mit Menschen, mit Landschaften und Kunstwerken. Am 8. November des Jahres 1929 setzen auch seine Erinnerungen ein, die in diesem Band veröffentlicht sind. Vier Jahre später, wieder im November, brechen sie ab. Damals war die erste Nummer der von Karl von Schumacher und Manuel Gasser gegründeten «Weltwoche» erschienen.

Lange schon hatte Manuel Gasser davon gesprochen, er wolle seine Memoiren schreiben. Er hat es immer wieder verschoben. Erst im Juni 1975 hat er dann damit begonnen. 1976 hat er die Arbeit wieder beiseite gelegt. Warum, weiß ich nicht. Vermutlich hielten ihn aktuelle Aufträge – Bücher, die er plante, Aufsätze für verschiedene Zeitungen und Zeitschriften – von der nach rückwärts gewandten Tätigkeit ab. Als er im September 1979 starb, lag nicht mehr vor als die hier versammelten sieben Kapitel über die Provence, über den Marquis de Baroncelli-Javon, über das Leben in Paris, den NZZ-Redaktor Eduard Korrodi, über Jean Cocteau, die Liebe zu den Matrosen, über Karl von Schumacher und die Gründung der «Weltwoche». Es hätte noch vieles folgen müssen: die Zeit in Berlin, wohin er am 1. April 1946 als politischer Korrespondent der «Weltwoche» gegangen war, die zwei Jahre in London, von 1949 bis 1951, die Rückkehr nach Zürich in die Redaktion der «Weltwoche», die er 1957 nach dem Tod Karl von Schumachers verließ, die Übernahme der kulturellen Monatsschrift «du», deren erste von MG gestaltete Nummer im Januar 1958 dem großen Schweizer Naiven Adolf Dietrich gewidmet war, die langen Jahre als Chefredaktor des «du», das er erst mit seiner Pensionierung, 1974, aus den Händen gab. Es hätte von zahllosen Reisen in fast alle Winkel der Alten und auch zahlreiche Landstriche der Neuen Welt und Asiens die Rede sein müssen, von Begegnungen mit den Großen der modernen Kunst, mit Picasso und Mirò, mit Henry Moore und Marc Chagall, mit Germaine Richier, Marino Marini und Alberto Giacometti, mit Karl Geiser, Varlin und vielen anderen mehr, von der Zusammenarbeit mit den bedeutenden Photographen unserer Zeit, mit Cartier-Bresson, Lucien Clergue, Herbert List, Gotthard Schuh, Werner Bischof, Emil Schulthess, Fulvio Roiter, Pepi Merisio, René Burri, mit jungen, noch namenlosen Anfängern, deren Talent er erkannte und denen er im «du» eine erste Chance zur Veröffentlichung gab. Und es wäre der große Kreis der Freunde noch einmal angetreten, die sich in Manuel Gassers gastlichem Haus, zuerst an der Zürcher Scheideggstraße, später im Pächterhaus von Schloß Brunegg in wechselnder Formation zusammenfanden: Erika Markwald, Alfred Herzer, Erika und Golo Mann, Maria Becker, Marianne Feilchenfeldt, der Graf Coloredo-Mansfeld, Varlin, Dürrenmatt, Italo Valenti und natürlich Elsi und J.R. von Salis, mit denen er in den letzten fünf Jahren seines Lebens auf dem Burghügel über Brugg in enger Nachbarschaft gelebt hatte. «Ihr kommt alle drin vor», sagte Manuel Gasser an manchen Abenden mit komisch-drohendem Unterton in der Stimme und freute sich an dem leisen Unbehagen, das diese Ankündigung dem einen oder andern seiner Gäste bereitete. Heute überwiegt bei allen das Bedauern darüber, daß MG zu spät mit seiner Erinnerungsarbeit begonnen und der Tod ihm die Fortsetzung verwehrt hat.

Als Ergänzung zu den handschriftlich hinterlassenen Erinnerungskapiteln ist in diesen Band eine Anzahl Zeitungsartikel aus den Jahren 1946 bis 1950 aufgenommen worden, die den jähen Abbruch der Erinnerungen mildern und noch einmal eine Ahnung davon geben möchten, was Manuel Gasser als «einer der letzten Überlebenden einer endgültig versunkenen Epoche, ein Fossil», wie er sagte, unter der aussterbenden Gattung des literarischen Feuilletons verstanden hatte.

Wenn auf den folgenden Seiten noch einmal jener Manuel Gasser lebendig würde, der allen, die ihn als Freunde oder Mitarbeiter – nicht selten beides in einem – eine Strecke seines Wegs begleiteten, unvergeßlich ist, wäre das Ziel der Publikation erreicht. Sie wäre dann mehr als nur Erinnerung eines Toten; sie wäre Dank der Lebenden an ihn. Dank für das, was Friedrich Dürrenmatt zum 70. Geburtstag des Freundes in die Worte gefaßt hatte:

«Manuel Gassers Liebe zur Kunst ist eine Kunst der Liebe: Er betrachtet sie nicht wie ein Kritiker, sondern wie ein Liebhaber. Immer wieder überrascht, was der Mensch doch noch hervorzubringen vermag, ist ihm die Freude darüber wichtiger als die Frage der Kunstdialektiker, ob der Zeitgeist, den sie erfunden haben, sich bestätigt oder angegriffen fühle. Was bei Manuel Gasser überzeugt, ist seine Fähigkeit, hinter dem vorgeschobenen Nebensächlichen, den Kunsttheorien, das Wirkliche zu entdecken, den Schutt wegzuräumen, hinter den sich heute allzu viele ducken, aus Angst, nicht zeitgemäß zu sein. Ohne ihn, den unzeitgemäßen Entdecker und Mutmacher, hätten viele den Sprung aus der Deckung des Zeitgemäßen heraus, ohne den es keine Schöpfung mehr gibt, in die Freiheit dessen, was nur ihnen gemäß ist, nicht gewagt.»

Klara Obermüller

P.S. Leider war es der Herausgeberin nicht möglich, alle in diesen Erinnerungen vorkommenden Personennamen in einem Register aufzuschlüsseln. Teils verbarg sie Manuel Gasser selbst in seiner diskreten Art hinter Kürzeln; teils hätte nur er vollständige Angaben zu den Namen zu geben vermocht.

ERINNERUNGEN

LOU MARQUÈS

Ich verließ die Schweiz am 8. November 1929 und fuhr nach Arles-en-Provence. In Lyon, Orange und Avignon unterbrach ich die Reise jeweils um einen Tag. Ich war etwas über zwanzig Jahre als.

Die Ortswahl Arles war durch die Van Gogh-Ausstellung der Sammlung Kröller-Müller bestimmt worden, die ich im Herbst 1928 viele Male in der Berner Kunsthalle gesehen hatte. Sinn und Zweck des provenzalischen Aufenthalts hatte ich niemandem plausibel machen können, weil er es mir selber nicht war.

Ich befand mich also in Arles und mußte mit meiner Zeit etwas anfangen. Da ich kein Geld hatte, um Bücher zu kaufen, ging ich in die Stadtbibliothek, die im ehemaligen erzbischöflichen Palais untergebracht war. Es gab dort einen großen Lesesaal, dessen Fenster auf die Place de la République, den Obelisk und das Musée lapidaire hinausgingen. Ich war dort meist der einzige Besucher.

Am oberen Ende des Saals saß hinter einem Pültchen, das demjenigen eines Schulmeisters glich, der Bibliothekar. Er war ein feiner alter Herr mit einem Spitzbart, der ihm eine entfernte Ähnlichkeit mit Mallarmé gab. Da die sämtlichen Bestände der Bibliothek in den Regalen aufgereiht waren und jeder sich selbst bedienen konnte, hatte er nichts zu tun. Er las ununterbrochen. Auch stand er mir für Auskünfte, die Bibliothek oder die Sehenswürdigkeiten der Stadt betreffend, stets und mit reizender altväterischer Zuvorkommenheit zur Verfügung.

Nach einigen Tagen vernahm ich, daß M. Jullian – dies sein Name – seine Mannesjahre als Stationsvorsteher von Saintes-Maries-de-la-Mer verbracht und erst nach seiner Pensionierung den Posten des Arleser Bibliothekars angenommen hatte. Und da es in jener Gegend seit Mistrals Tagen fast Ehrensache war, *felibre*, das heißt Dichter in der provenzalischen Sprache zu sein, dichtete auch M. Jullian.

Eines Tages nun besuchte ich die Alyscamps (Champs-Elysées), die römische Gräberstraße. An ihrem Ende steht die Kirche St. Honoré. Der Heilige soll sie gegründet und dabei eine Kapelle der *noch lebenden* Jungfrau Maria geweiht haben. So wenigstens wollte es der Kustode wissen.

Im Vorraum der Kirche gab es einen Postkartenständer, an dem außer Ansichten der Sarkophag-Allee und des Gotteshauses auch Bilder feilgeboten wurden, die Herden schwarzer Stiere und weißer Pferde in einer flachen, steppenartigen Landschaft zeigten. Sie faszinierten mich, ich erwarb einige davon und trug sie anderntags zu M. Jullian, um sie mir erklären zu lassen.

M. Jullian erzählte mir alles, was er über die Aufzucht der Kampfstiere und Hirtenpferde der Camargue wußte. Wenn ich sie in Augenschein nehmen wolle, so brauche ich nur nach Saintes-Maries zu fahren und den ersten Züchter (manadier) des Landes, den Marquis Folco de Baroncelli-Javon, aufzusuchen. Das tat ich dann auch schon anderntags.

Man muß sich vergegenwärtigen, daß damals erst vierzig Jahre seit dem Aufenthalt Van Goghs in Saintes-Maries vergangen waren. Das Städtchen stellte sich noch genau so dar, wie er es gezeichnet hatte, und die Fischerboote lagen so bunt wie auf seinem Bild am Strand. Ich nahm den Weg zum Mas de l'Amarée, dem Hof des Marquis, unter die Füße. Es war damals das einzige Haus in der Ebene, die sich vom Städtchen bis zur Mündung der Kleinen Rhone breitet. Es war ein weißes, schlichtes Gebäude, das als einzigen Schmuck eine Sonnenuhr mit der Katharer-Devise «Dios lo vult» trug. Daneben gab es zwei weißgetünchte, schilfgedeckte Hütten, in denen die Stierhirten hausten. Ich wurde von einer altjüngferlichen Dame empfangen, die sich als Tochter des Marquis zu erkennen gab. Ihr Vater sei in X, einer kleinen Stadt des Languedoc, wo morgen ein Stierkampf stattfinde. Es sei der letzte des Jahres, ich täte gut daran, ihn mir nicht entgehen zu lassen.

Ich fuhr nach Arles zurück und begab mich am andern Morgen, einem Sonntag, zeitig nach X. Das Wetter war vollkommen schön, mild, blau und sonnig, das Städtchen in lärmender Feststimmung. Das Stiergefecht sollte auf einem mit Barrikaden abgeriegelten Platz stattfinden. Ich fragte mich nach dem Vorsteher der Veranstaltung durch; dieser stellte mich dem Marquis vor. Der Marquis begrüßte mich mit ausgesuchter Höflichkeit, machte einen Platz neben sich frei, und das Spiel begann.

Wir lehnten uns über die Barrikade, die die Stehplätze der Zuschauer von der Arena trennte, und der

Marquis erklärte mir die Regeln des Spiels. Wir waren so ins Gespräch vertieft, daß wir den Stier nicht bemerkten, der auf uns zustürzte und mit einem Horn über die Brüstung fegte. Dabei verletzte er mich an der linken Hand. Die Wunde blutete, war aber nur oberflächlich. Dieser Zwischenfall trug mir die Sympathie der Kampfleitung ein, und ich wurde beim nachfolgenden Bankett an die rechte Seite des Marquis gesetzt.

Der Marquis war ein kleiner kurzgliedriger Mann von sechzig Jahren. Er hatte den Teint der Blonden: Der ständige Aufenthalt im Freien bräunte seine Haut nicht, rötete sie nur. Seine Nase war gebogen, aber wenig vorspringend, die Gesichtszüge waren fleischig, die Hände auffallend klein und zart. Obgleich er sein Leben im Sattel verbrachte, wirkte er nicht sportlich, eher wie ein Stadtmensch, der sich in einer ländlichen Umgebung nicht ohne Mühe anpaßt. Er trug die Tracht der Stierhirten oder Gardians: ein gestreiftes Hemd in den Farben seines Hauses, weiß und rot, eine an den Knien enge und am Saum weite Hose aus zähem, hellem Stoff und eine rotgefütterte schwarze Samtjacke. Seine Stimme war hoch, leise und sehr angenehm. Das Auffallendste an ihm waren seine Manieren, die an diejenigen des Hofes von Louis XV. erinnerten und doch vollkommen natürlich wirkten.

Nach Arles zurückgekehrt, setzte ich alles daran, mehr über seine Person zu erfahren. Hier, was mir zu erfahren gelungen und im Gedächtnis geblieben ist:

Die Familie Baroncelli war eine der ältesten und einflußreichsten von Florenz. Ein Baroncelli gehörte zur

Pazzi-Verschwörung, die Giuliano de Medici zu Tode brachte. Er wurde gehängt und in diesem Zustand von Leonardo gezeichnet. Seine Sippe suchte Zuflucht im päpstlichen Avignon. Folco war im Palais du Roure, unweit des Papstpalastes, aufgewachsen; das steinerne Eichenlaub im Mauerwerk des Portals erinnert noch heute an seine Erbauer und Namensgeber, die della Rovere.

Der junge Baroncelli war Freund und Schüler Mistrals; er diente der provenzalischen Wiedergeburt zuerst mit der Feder: Er war Herausgeber der Zeitschrift AIOLI und schrieb Verse in der Langue d'oc, die unter dem Titel «Blad de Lune/Blé de Lune» erschienen. Dann faßte er den Plan, die im Absterben begriffene Folklore der Camargue zu retten, und gründete die «Nazioun gardians», eine Art Schutztruppe für die Reinerhaltung der Kampfstierrasse und der mit provenzalischem Stiergefecht verknüpften Bräuche. Er packte das Problem an der Wurzel, verließ Avignon und wurde Züchter in der Camargue.

Wie ich aus alten Photos ersehen konnte, hatte die «Nazioun gardians» in der Zeit vor dem Ersten Weltkrieg einen fast mondänen Einschlag; der Marquis und seine Freunde trugen den Stierhüterhabit mit betonter Eleganz, und ihre Damen wohnten den Stiergefechten in der reizenden Tracht der Arleserinnen bei.

Damals spielte eine schöne Frau zweifelhaften Rufes eine große Rolle im Leben des Marquis. Sie hieß (oder nannte sich) Jeanne de Flandresy und wurde von einem steinreichen Industriellen ausgehalten. Baroncelli widmete ihr glühende Gedichte im Tone d'Annunzios. Sie scheint seine verfahrene Situation dadurch gerettet zu haben, daß sie sein Avigneser Palais kaufte und in ein Museum umwandelte. Der Marquise und ihren drei Töchterchen – sie war ihrem Mann nicht in die Camargue gefolgt – wurde immerhin eine Wohnung im Palast der Vorfahren ausgespart.

Die Affäre Flandresy scheint der Skandal der Epoche gewesen zu sein; noch zu meiner Zeit sprach man davon mit einer Mischung aus Abscheu und Bewunderung. Außerdem munkelte man von abseitigen Amouren des Marquis, die sogar gerichtsnotorisch geworden sein sollten...

Alles, was mir so zu Ohren kam, erhöhte nur die Faszination, die die Figur des Stierzüchters auf mein zwanzigjähriges Gemüt ausübte, und meine Erregung war gewaltig, als ich zwei, drei Wochen nach jener ersten Begegnung ein Telegramm folgenden Wortlauts erhielt: «Si sentez affronter 40 km à cheval vous offre conduire taureaux stop venez coucher demain au Cailar Baroncelli.» Es bedeutete, wie mir mein Mentor Jullian erklärte, daß ich die Ehre hatte, mit dem Marquis und seinen Freunden die Stierherde aus ihrem Sommerquartier Le Cailar auf die Winterweiden bei Saintes-Maries zu treiben. Ich fuhr also nach Le Cailar, kam dort bei Einbruch der Nacht an, fand eine festlich gestimmte Gesellschaft von jungen Leuten, unter der auch einige Damen waren, und mußte, nach meinen Reiterfahrungen befragt, gestehen, daß ich noch nie im Sattel gesessen hätte. Der Marquis verließ die Tafelrunde und gab mir in der Dezembernacht eine Reitstunde.

Kennt man das Camargue-Pferd und sein Reitzeug? Der Tradition nach ist es ein Wildpferd, das mit Araberblut gekreuzt wurde. Es kommt dunkel gefärbt, oft schwarz zur Welt und wird nach einigen Jahren milchweiß, wird nie beschlagen und ist Paßgänger. Der Sattel hat eine Rückenlehne und korbähnliche Steigbügel an so langen Riemen, daß man sie nur gerade mit den Sohlen berührt. Das hat zur Folge, daß man nur galoppieren oder im Schritt reiten, aber nicht englisch traben kann. Die Schwierigkeit für den Neuling besteht nun darin, daß geübte Reiter ihrem Tier einen weitausgreifenden «verlängernden Schritt» beibringen, eine vergleichsweise schnelle, sehr angenehme Gangart. Wer sie nicht beherrscht und doch mit dem Partner Schritt halten will, sieht sich zum deutschen Trab veranlaßt. Ich sollte das, zum Leidwesen meines Sitzfleisches, anderntags erfahren.

Man brach, rund vierzig Reiter, lange vor dem Morgengrauen auf, stieß vor den letzten Häusern des Dorfes auf die Herde und trieb diese in breiter Phalanx vor sich her. Die paar professionellen Stierhüter und auch einige der jüngeren Gäste bedienten sich dazu langer Lanzen, die in einen eisernen, halbmondförmigen Dreizack mündeten. Nach einiger Zeit ging das karge Weideland in die mit Salikornien besetzte Steppe über, die Sonne ging auf, man fröstelte nicht mehr in Gruppen und zu zweit hinter dem schwärzlichen Gewoge der Herde her. Um den lästigen Hoppeltrab zu vermeiden, blieb ich von Zeit zu Zeit hinter der Gesellschaft zurück, um sie dann im Galopp wieder einzuholen.

Die einzige Unterbrechung des sieben oder acht Stunden dauernden Steppenritts machte die Überquerung des minderen Rhonearmes auf einer Schiffbrükke. Die Stiere scheuten auf den schwankenden Planken, machten kehrt, brachen ins Schilf des Ufers ein. Es kostete einige Zeit und Mühe, bis die ganze Herde das jenseitige Ufer gewonnen hatte. Man langte kurz nach Mittag auf den Winterweiden an. Den Beschluß des Reitvergnügens machte ein Bankett im Mas de l'Amarée, das bis zur Dämmerung währte. Nicht weil es besonders üppig gewesen wäre, sondern weil es mit unendlichen Gesprächen hingezogen wurde. Da man sich ausschließlich des Provenzalischen bediente, verstand ich davon kein Wort.

Ich hatte den Marquis bei einem Fest kennengelernt und sollte noch manches Fest erleben, auf welchem der Mann im Hemd mit den Baroncelli-Farben Mittelpunkt der Feier war. Denn er lebte im nüchternen Sinn des Wortes von den Festen, indem er sie mit ihrem spektakulärsten Ingredienz, den Stieren, belieferte und zu ihrem Glanz das Höchste beitrug: seine Reitertruppe. Zu dieser gehörten auch die Stierhirten seiner eigenen Herde und der eine oder andere befreundete Züchter mit seinen Leuten; aber zur Hauptsache setzte sie sich zusammen aus jungen Leuten aus Arles, Nîmes und Avignon, die sich den Luxus leisten konnten, ein reinblütiges Camargue-Pferd zu erwerben, zureiten zu lassen und mit dem aufwendigen Sattelzeug auszurüsten.

Für den Marquis waren die Feste Arbeitstage, die sich von den Plagen der Woche nur durch ungewöhnliche Anstrengungen unterschieden, denn von der Herde zum Festort waren oft vierzig Kilometer und mehr zurückzulegen, und nach einem mit Aufregungen und Banketten ausgefüllten Tag stand die gleiche Parforce-Leistung noch einmal bevor.

Was es heißt, in der Sonnenglut die Camargue zu durchqueren, erfuhr ich im darauffolgenden Sommer, als mich der Marquis bat, mit ihm neun Pferde von Saintes-Maries nach Arles zu führen. Er nahm fünf Tiere an die Halfter und überließ mir vier. So ritten wir in der Mittagshitze los, eingehüllt in einen Mükkenschwarm. Man war den Biestern wehrlos preisgegeben, da man mit der Rechten den eigenen Zügel und mit der Linken die Halfter der Begleitpferde zu führen hatte.

Die Höhepunkte des Jahres waren indessen nicht die offiziellen Feste, sondern die kleinen Feiern, wie etwa das Mittagessen, das der Marquis seinen Reiterfreunden zu Beginn des «Stiermonats» August in Le Cailar gab. Er besaß dort ein Haus, denn hier hatten seine Stiere und Pferde im Sommer, wenn die Camargue ausgebrannt war, kein Futter.

Es war sehr heiß an diesem Tag, man hatte die Läden des großen Raumes zu ebener Erde, der Aufenthaltsraum und Küche in einem war, bis auf einen Spalt geschlossen, so daß kühles Halbdämmer herrschte.

Das Mahl war frugal, es gab nur Brot, gekochte Wurst, Zwiebeln, weißen Käse, Oliven und Wein. Auch waren keine Gedecke aufgelegt; jeder schnitt sich Wurst und Zwiebel mit dem eigenen Messer auf dem sauber gescheuerten Tisch.

Man kann sich kein heitereres Bild denken als die Schar von jungen Männern in ihren bunten Hemden, mausgrauen Reithosen und kurzen, schön verzierten Stiefeln, die Gesichter glühend vom Wein und der Erwartung des bevorstehenden Stiergefechtes. Und am Tischende der Marquis, der das von ihm in Szene gesetzte Bild mit dem Ausdruck innigster Zufriedenheit betrachtete.

Dem an Verehrung grenzenden Zuspruch, den der Marquis von seiten der Stierfreunde erfuhr, stand die skeptische Haltung des kleinen Mannes gegenüber. Man hielt ihn für einen Kauz, für einen Narren sogar. Und tatsächlich war sein Gebaren nicht von dieser Zeit. Zwar brachte er jedem weiblichen Wesen, ob Dame oder Fischweib, eine ausgesuchte Höflichkeit entgegen, doch duzte er unbekümmert jedermann, den er zum Volk zählte.

Einmal begleitete ich ihn bei einem Einkauf im Kramladen von Saintes-Maries. Als er seine Ware erhalten hatte, warf er ein paar Münzen auf die Theke und verließ das Geschäft, während ich meinerseits etwas erstehen wollte und zurückblieb. «Der gute Marquis», jammerte die Händlerin, «er hat mir wieder einmal viel zu wenig gegeben.» Ich wollte für ihn gut stehen, aber die Frau winkte ab: «Einmal gibt er zuwenig, dann wieder zuviel. Mit der Zeit gleicht es sich aus.»

Ich sah den Marquis zum letzten Mal im März 1941. Von einer Reise zu Mitarbeitern in Marseille und an die Riviera zurückkehrend, machte ich in Arles halt, fuhr nach Saintes-Maries hinunter und ging zum Mas de l'Amarée hinaus. Es war ein trüber Tag, Wind und Regen schlugen mir ins Gesicht. Der Marquis war alt und müde geworden. Er empfing mich freundlich wie immer. Wir tranken die Flasche Châteauneuf-du-Pape, die ich trotz der Misere irgendwo ergattert hatte, zur kargen Mahlzeit, die er zu bieten hatte, und sprachen über die tristen Zeitläufte. Am frühen Nachmittag mußte ich mich verabschieden. Er begleitete mich bis zur Straße nach Saintes-Maries und stand dann, ein kleiner Mann im rot-weißen Wollhemd, noch lange winkend und traurig lächelnd in der ungeheuren Landschaft.

Ein Jahr darauf ist er gestorben. Eine seiner Töchter beschrieb mir sein Ende in einem langen Brief. Er hatte einen Sturz vom Pferd getan, die Wunde wurde brandig und führte zum Tode.

Arles war damals eine verschlafene Kleinstadt, die sich seit Van Goghs Zeiten kaum verändert hatte. Ich war der einzige Fremde am Ort und darum bald so bekannt wie ein roter Hund. Schon zwei oder drei Wochen nach meiner Ankunft wurde ich dann auch in ein Komittee gewählt, das kurz vor Weihnachten von Haus zu Haus zog, um die schönsten Krippen auszuwählen und zu prämieren. Am meisten Eindruck machte mir ein Bethlehemischer Stall, über dessen Giebel eine von Kinderhand kalligraphierte Banderole befestigt war: «Tu enfanteras avec douleur», stand da geschrieben.

Ich wohnte während der ersten Monate im Hôtel du Sauvage, einem bescheidenen Haus. Das Gebäude mochte aus dem 17. Jahrhundert stammen und hatte fünf oder sechs Meter hohe Räume. Mein Zimmer ging auf einen Hofgarten hinaus. Darin stand ein prächtiger Mispelbaum. An die Gartenmauer war ein Eselstall angebaut. Ich hielt das ohrenbetäubende Wiehern des Esels lange Zeit für das Quietschen einer Wasserpumpe.

Für das Mittagbrot hatte ich mich in der Pension Sérail eingeschrieben, die in derselben Straße in einem säkularisierten Kloster untergebracht war.

Mademoiselle Sérail war eine betagte und beleibte Dame, die stets die Arleser Tracht mit dem schwarzen

Samtkäppchen trug. Ihre Züge, die von einer sehr langen, leicht gebogenen Nase beherrscht wurden, strahlten ein Gemisch von mütterlicher Besorgtheit und Schlauheit aus. Sie war eine vorzügliche Köchin und gab mir fürs Leben den Geschmack an zugleich bodenständiger und elaborierter Küche mit. Von ihren Kostgängern, die um den ovalen, von ihr präsidierten Refektoriumstisch saßen, sind mir ein pensionierter Weinbauer, eine Gymnasiallehrerin, ein jüdischer Handlungsreisender und eine Eingeborene aus Neu-Kaledonien in Erinnerung geblieben. Der alte Weinbauer behauptete, Mademoiselle Sérail pansche den Wein, und trank deshalb doppelt so viel wie üblich. Die gelehrte Dame setzte sich nach dem Essen ans Klavier und sang Romanzen aus dem vorigen Jahrhundert. Einmal im Monat besuchte sie ihre alte Mutter, die in Marseille lebte. Anderntags erzählte sie dann das Neueste aus der Großstadt. Ihre erste Erfahrung mit dem Tonfilm etwa: wie man beim Öffnen eines Fensters Glockengeläute gehört habe und daß das Löffelchen beim Umrühren richtig geklirrt habe. Wir hörten mit offenem Mund zu; denn in Arles regierte noch der Stummfilm. Die schokoladebraune Neukaledonierin, ein junges Ding, das bei einer Hutmacherin arbeitete, behauptete, in Wirklichkeit weiß zu sein. Zu ihrem Unglück aber hätte sie bei der Durchfahrt durchs Rote Meer zu lange an der Sonne gelegen; wir möchten aber etwas Geduld haben, in wenigen Wochen sei die unerwünschte Bräunung gewiß verschwunden.

Der Commis voyageur erzählte Witze, die niemand hören wollte. Mich, seinen Tischnachbarn, enervierte er außerdem durch die Gewohnheit, die Käserinde viel zu dick abzuschneiden, was dem haushälterischen Schweizer gegen den Strich ging.

Am ersten Abend suchte ich das gelbe Haus Van Goghs an der Place Lamartine auf. Das ganze Untergeschoß wurde damals von einem Café eingenommen. Rechterhand waren der Eingang und die Bar, linkerhand ein ziemlich tiefer Saal mit einem Billardtisch. An der Rückwand hing die ovale Uhr mit dem gewellten, schwarzen Rahmen, die auf einem Bild Van Goghs den gleichen Platz einnimmt. Das Café war leer bis auf einen jungen Mann im blauen Überkleid, der mit sich selber Billard spielte. Er forderte mich auf, mit ihm zu spielen. Ich gestand, noch nie einen Queue berührt zu haben. Er meinte, er werde es mich schon lehren. Von da an ging ich jeden Abend, wenn ich in Arles war, in Van Goghs Haus, um Billard zu spielen.

Mein Partner, Maurice mit Namen, der achtzehn oder neunzehn war, arbeitete als Schweißer in einer Rhonewerft. Er wohnte im Nebenhaus mit Mutter und Schwester zusammen. Die Schwester war anerkanntermaßen das schönste Mädchen der Stadt. Sie hatte sich im vorigen Sommer um den Titel der «Reine d'Arles» beworben, war aber nicht gewählt worden, weil ihr Leumund nicht einwandfrei war. Als ich eines Abends mit Maurice Billard spielte, brach ein ungeheures Gewitter los, das in einen sintflutartigen Regen überging. Da ich inzwischen an den Boulevard des

Lices am anderen Ende der Stadt gezogen war, fragte ich Maurice, ob er ein Nachtquartier in der Nähe wisse. «Il y a ma soeur» sagte er mit einem Ton und Blick, in denen abgrundtiefe Traurigkeit lag.

Die Vormittage verbrachte ich auf der Stadtbibliothek. Die gesamten Bestände der Bibliothek waren in Borden an der Längswand des Saales aufgestellt; man konnte sich selber bedienen. Die Mehrzahl der Bücher stammte aus der Zeit der Großen Revolution. In der ersten Hälfte des 19. Jahrhunderts war dann einiges angeschafft worden; nach Hugo und Lamartine aber wurde das Angebot in hohem Maße fragmentarisch, und die Gegenwartsliteratur hatte auf einem einzigen Regal Platz. Ich hielt mich darum an Klassik und Romantik.

Die Bibliothek schloß um zwölf Uhr mittags; so blieb bis zum Mittagessen bei Mademoiselle Sérail eine gute halbe Stunde. Ich füllte sie mit dem Wiedersehen der beiden einzigen deutschen Bücher, die ich besaß: «Buddenbrooks» und «Romanzero». Am Ende meines provenzalischen Jahres kannte ich weite Partien des «Romanzero» auswendig. Und als ich die «Buddenbrooks» nach Jahrzehnten wieder vornahm, war mir kaum eine Stelle neu.

Am Nachmittag ging ich spazieren. Mein Lieblingsziel war die Abtei von Montmajour, eine prachtvolle Ruine, die dort, wo die Ebene von Arles ins Hügelgebirge der Alpillen übergeht, wie ein gestrandetes Schiff aufragt. Der Kustos war ein Invalide des Ersten Weltkrieges. Seine Frau, eine üppige und äußerst gesprächige Person, stammte aus Sassari auf Sardinien. Sie hatten einen kleinen Sohn, der in der zum Abteikomplex gehörenden Kapelle überlaut «Ramona» sang, um den Besuchern die Akustik zu demonstrieren. Außerdem war da ein deutscher Schäferhund, der Fritz hieß, aber von der jungen Familie «Frißt» gerufen wurde. Die Kustodin liebte mich sehr und behauptete, ich sei «una santa persona». Sie kochte mir sardische Gerichte, und manchmal blieb ich die Nacht über. Ich schlief dann in einem Gaden auf Stroh und bestieg bei Sonnenaufgang den mit Steineichen bestandenen Hügel hinter der Abtei. Dort spielten zwischen Lavendel- und Zitronengestrüppen wilde Kaninchen.

Von Montmajour war es nicht weit bis Fontvieille und zum Moulin de Daudet. Der weiße, runde Turm der Windmühle lag einsam im kräuterduftenden, weißleuchtenden Gelände.

Am Wochenende dehnte ich die Wanderung oft bis nach Les Baux aus. Die Ruinenstadt in den Alpillen war damals von Touristen noch kaum besucht. Es gab eine einzige, bescheidene Herberge, die – als Huldigung an englische Reisende – einen vorzüglichen indischen Tee ausschenkte. Ich hatte mir in den Steinbrüchen oberhalb der Stadt eine Art Nachtlager eingerichtet: In einer Halle von babylonischen Ausmaßen – Cocteau hat dort eine Szene von «Le Testament d'Orphée» gedreht – lagen bereits zugehauene Quadersteine herum. Ich fügte sie zu einem länglichen, sarkophagähnlichen Trog zusammen, füllte diesen mit trokkenen Kräutern und breitete meinen Regenmantel darüber. Auf diesem Lager verbrachte ich jeweils die Nacht.

Kein größerer Gegensatz zur steinigen, kräuterduftenden Gegend von Montmajour und Les Baux als das Rhonedelta, die Camargue. Sie beginnt gleich hinter dem Pont de Trinquetaille, war damals am Rande zwar schon bebaut, doch gingen die Weinfelder schon bald in die unwirtliche Salzsteppe über, die sich dann bis zum seichten, aber unabsehbar breiten Etang de Vaccarès hinzog. Kanäle, die Süßwasser aus der Rhone herbeiführten, hatten mitten im Öden und Wüsten ein paar Anwesen entstehen lassen, wo Jagdhüter mühselig etwas Gemüse zogen.

Am Rande des Vaccarès gab es auch eine große Domäne mit einem Herrenhaus und mehreren Ökonomiegebäuden. Da man aber die Bewässerungsanlagen hatte verkommen lassen, war der ganze riesige Besitz allmählich dem Salz und dem Sand anheimgefallen. Er gehörte dem Marquis de la Fouquière, der damals über Achtzig war und das verfallene Gut mit einem Burschen meines Alters, namens Hubert, bewirtschaftete. Die beiden führten ein rechtes Robinson-Dasein, das heißt sie lebten, abgesehen von dem kümmerlichen Grünzeug, das in dem verwilderten Garten wuchs, ausschließlich von Huberts Jagdbeute und von den kleinen Aalen, die in den halbversandeten Kanälen wimmelten.

Bei meinem ersten Besuch auf der Domäne kam Hubert gerade mit einem eben gefangenen Frischling angeritten; er hatte das quietschende Jungtier am Sattel festgebunden. Es wurde im halbverfallenen Schweinekoben untergebracht, und ich sah es in der Folge zu einem stattlichen Eber heranwachsen.

Ich attachierte mich an den Alten, der unter Napoleon III. in Montpellier aufgewachsen und bei den Jesuiten erzogen worden war. Dort war es Vorschrift gewesen, sich in der Freizeit abwechslungsweise eine Woche auf lateinisch und eine Woche auf griechisch zu unterhalten.

Der Mas lag mitten in den ergiebigsten Vogelreservaten: Im Norden waren die Ufer des Vaccarès mit Purpur- und Nachtreihern bevölkert, im Süden wimmelten die flachen Ufer und die nur wenige Spannen über den Wasserspiegel ragenden Inseln von Seeschwalben und Stelzenvögeln; vor allem lagen dort die Lieblingsstandorte der Flamingos. In Richtung auf das Rhoneufer gab es Schilfdickichte, wo die Purpurreiher ihre schwer zugänglichen, flachen und kreisrunden Nester bauten; das Ufergehölz des Stromes endlich barg die Nistplätze der Seidenreiher. Auch konnte man dort die prachtvollen, farbenschillernden Wespenfresser und Blauelstern beobachten.

Der Vaccarès und die an ihn grenzenden Wildgebiete – rund vierzig Quadratkilometer – waren kurz vor meiner Ankunft in der Provence von der Société d'Acclimatisation de France erworben und dem Vorsteher der Ponts et Chaussées der Region Arles unterstellt worden, einem Ingenieur, der herzlich wenig Beziehungen zu den Dingen der Natur hatte. Mir hingegen war die Liebe zur Ornithologie von meinem Vater, einem passionierten Vogelfreund, schon als Kind eingepflanzt worden. Auch erkannte ich gleich, daß sich hier ein noch ganz unbeackertes und wahrscheinlich ertragreiches Feld für meine journalistische Tätigkeit bot.

Um der Sache mehr Glanz zu verleihen, taufte ich die Réserve de la Camargue in Camargue-Nationalpark um und begann, in schweizerischen und deutschen Tageszeitungen das Lob des Vogelparadieses zu singen. Bald nach Erscheinen meiner ersten Artikel meldeten sich dann auch Ornithologen aus Rossitten und von anderen Vogelwarten, und da ich der einzige war, der mit den Standorten einigermaßen vertraut war, wurde mir die Führung der gelehrten Gäste übertragen. Ich lernte auf diesen Expeditionen, bei denen uns die Behausungen der Parkhüter als Unterkunft dienten, einiges zu meinen rudimentären Kenntnissen hinzu.

Eines Tages wurde ich angefragt, ob ich die Schweizerische Ornithologische Gesellschaft, die einen zehntätigen Besuch des Reservats plante, betreuen wolle. Ich sagte zu, obgleich der Besuch mitten in das Zigeunerfest von Saintes-Maries, das ich keinesfalls versäumen wollte, fiel.

Die rund zwanzig Vogelfreunde waren erstaunt, auf dem Arleser Bahnhof nicht von einem Gelehrten, sondern von einem Zwanzigjährigen empfangen zu werden, der außerdem die farbenfreudige Tracht eines Stierhirten trug. Ich führte die Gesellschaft in das Café du Forum, bestellte für jeden und jede einen Pastis und forderte sie auf, sich zu entscheiden, wer mit wem in einem Doppelbett nächtigen wolle. Denn der Präsident hatte mir versichert, daß man auf einfachste Art, nötigenfalls sogar auf Strohlagern, zu logieren gedenke. Und da die französischen Betten sehr breit sind, hatte ich eben die erwähnte Regelung getroffen. Man erklärte sie für völlig unakzeptabel, und die Ornithologen nahmen dann auch im besten Haus am Platz in Einzelzimmern Quartier.

Dieser ersten Enttäuschung folgte auch gleich die zweite. Man wollte wissen, mit welchem Teil des Vogelreservats man am andern Morgen die Expedition beginnen werde. Ich erklärte, an diesem Tag würden in Saintes-Maries die Jungstiere mit den Brandmarken des Herdenbesitzers versehen. Dieses Fest, an dem nicht nur die Stierhirten, sondern auch die schönsten Arleserinnen in Sonntagstracht teilnehmen, dürften sie keinesfalls verfehlen. Umsoweniger als es mit einem Stierkampf auf dem Kirchplatz von Saintes-Maries abgeschlossen werde. Die Ornithologen fanden, für diese Tierquälerei hätten sie nur Abscheu übrig; ich hingegen blieb hart und stellte ihnen frei, sich meinetwegen führerlos in die Camargue zu begeben und im Flugsand umzukommen – ich jedenfalls führe nach Saintes-Maries. Man war nun vollends überzeugt, einem Hochstapler und Scharlatan in die Hände gefallen zu sein. Schließlich erhob sich der Präsident und fragte mit Donnerstimme: «Herr Gasser, sagen Sie uns, *wo* haben Sie Ihre ornithologischen Kenntnisse erworben?» Ich stotterte etwas von väterlichen Instruktionen und beschwor die Gesellschaft, ja pünktlich am Frühzug nach Saintes-Maries zu sein...

Das so schlimm begonnene Abenteuer löste sich in Minne auf. Die Ornithologen fanden das Aufbrennen der Stiermarken, das mit einem großen Aufgebot von Reitern am Meeresufer verbunden war, unvergleichlich, und an dem darauf folgenden Stierkampf konnten sie sich nicht sattsehen.

Der von jedermann als absurd taxierte Plan, eine journalistische Laufbahn ausgerechnet in Arles zu beginnen, erwies sich bald als denkbar fruchtbar. Denn nicht nur gab es für meine ornithologischen Beiträge unbeschränkte Abnehmerschaft; der Zufall wollte es auch, daß in jenes Jahr 1930 der hundertste Geburtstag des provenzalischen Dichters und Nobelpreisträgers Frédéric Mistral fiel. Da war es denn nicht schwer, die schweizerischen und deutschen Redakteure von der Notwendigkeit eines Mistral-Gedenkartikels zu überzeugen. Und wer wußte außer mir in der provenzalischen Literatur schon Bescheid? So kam es, daß mein Pate, der in London lebte, eines schönen Julitages in die Schweiz fuhr und auf der Durchfahrt in Basel die vier führenden Tageszeitungen kaufte, auf der ersten Seite jeder dieser Zeitungen ein von mir gezeichnetes Feuilleton fand. Mein drittes Thema war die Camargue und ihre Stier- und Pferdeherden, die damals noch unbekannt waren. An Stoff und Abnehmern fehlte es darum nicht, und nur mein angeborener Widerwille gegen den Akt des Schreibens beschränkte die Produktion auf das für den Lebensunterhalt unumgängliche Mindestmaß.

Die Expedition der Ornithologen hatte den für Arles zuständigen, in Béziers residierenden Schweizer Konsul veranlaßt, der Gesellschaft ein Mittagessen in einem Arleser Hotel zu offerieren. Herr X. war der Enkel eines Toggenburger Weinhändlers, der durch die Mehltaukatastrophe der achtziger Jahre reich geworden war. Damals nämlich war die Gegend von Béziers lange Zeit als einzige von der Pest verschont geblieben. Die dortigen Weinbauern, und mit ihnen die Händler, verdienten ein paar Jahre lang so viel sie wollten. Während aber die leichtsinnigen Südfranzosen ihre Gewinne in Saus und Braus durchbrachten, kaufte der solide Schweizer ein Weingut um das andere und legte damit den Grundstock zu einem riesigen Vermögen. Sichtbarer Ausdruck seines Reichtums war die Villa, die er sich an der nach ihm benannten Straße in Béziers baute: Es war eine Kopie des Berner Bundeshauses im verkleinerten Maßstab.

Der Konsul, der seinen Militärdienst in der alten Heimat leistete und nichts von der angestammten St. Galler Eigenart eingebüßt hatte, war ein Bonvivant par excellence: großzügig, genießerisch, ein wenig angeberisch auch. Daß er als guter Schweizer auch zu rechnen verstand, zeigte sich, als ich mich gegen Ende des Sommers um eine Volontärstelle auf seinem Weingut in der nördlichen Camargue bewarb: Ich könne mit seiner Familie hausen, die alljährlich den Monat September auf dem zur Domäne gehörenden Schloß verbrachte, würde dann aber nicht entlöhnt; andernfalls stünde mir eine mit fünfundzwanzig Francs dotierte Stelle offen, doch würde ich dann mit den Arbeitern verköstigt und untergebracht.

Ich wählte die zweite Möglichkeit, meldete mich eines Morgens beim Gutsverwalter und wurde einem der Höfe zugeteilt, auf dem etwa hundert Traubenpflücker tätig waren, Saisonarbeiter meist algerischer, spanischer und italienischer Herkunft, die für die Weinernte in die Camargue gekommen waren und in Equipen zu acht oder zehn Mann im Akkord arbeiteten. Meine Aufgabe war es, die von einem Pferd gezogenen zweirädrigen Kippwagen, in denen die Trauben vom Feld zur Kelter gebracht wurden, auf einer Brükkenwaage zu wägen, die Tara als das Eigengewicht des Wagens abzuziehen und das Traubengewicht der jeweiligen Equipe gutzuschreiben. Es wurde mir eine Schlafstelle auf Stroh in der gemeinsamen Unterkunft und ein Platz im Eßsaal angewiesen. Dort fand mich der Konsul an der langen Tafel der Hundertschaft im Flackern der Azethylenlaternen; denn auf dem Hof gab es kein elektrisches Licht.

Er fand das Bild, das sich ihm bot, gar zu erbärmlich und entschied, daß ich von nun an auf dem Schloß nachtmahlen werde. Es dauerte nicht lange, bis ich auch das Strohlager mit einem Zimmer im Schloß vertauschte. Auf diese Weise hatte ich schließlich beides: das angenehme Schloßleben und mein Salär. Doch das geschäftliche Kalkül des Konsuls wachte: Als ich an einem Sonntag der Familie als Führer bei einem Ausflug nach Saintes-Maries diente, wurde der Verwalter angewiesen, mich für diesen Tag auf der Lohnliste zu streichen...

Das Leben auf der Domäne war eine Art Schottische Dusche. Ich stand bei Tagesgrauen auf, nahm den Weg nach dem etwa eine halbe Stunde entfernten Arbeitsplatz unter die Füße, frühstückte im Gehen mit ein paar Feigen, die ich taufrisch vom Baum pflückte, setzte mich in das Waagehäuschen, wartete auf die erste Ladung Trauben und kam mir vor wie der Taugenichts als Zolleinnehmer. Die Karren kamen in ziemlichen Abständen, das Wägen nahm jeweils nur wenige Minuten in Anspruch, so blieb mir alle Zeit zum Lesen und Nichtstun. Das Mittagessen wurde gemeinsam eingenommen, doch verköstigte sich jede Equipe selber; ein Mann aus der Gruppe blieb jeweils zurück, um für seine Kameraden zu kochen. Ich hatte mich einem katalanischen Team angeschlossen, das einen Vorrat an Knoblauchwürstchen mitgenommen hatte, die dann zu einem Gemüse aus Pfefferschoten, Zwiebeln und wiederum Knoblauch gegessen wurden. Manchmal ersetzten Saubohnen oder Kichererbsen die Peperonata. Jeder hatte das Recht auf einen Liter Wein. Man muß sich dazu hundert schweißglänzende nackte Oberkörper denken und einen infernalischen Lärm, der aus allen Idiomen des Mittelmeers zusammengesetzt war.

Um fünf Uhr war Feierabend. Ich wanderte aufs Schloß zurück, pflückte im Garten wieder ein paar Feigen, die süß und heiß wie Kompott waren, duschte, zog mich um, und das süße Leben mit Eselreiten und Krocketspielen vor dem Herrenhaus begann. Vor den Nachtessen half ich dem Konsul einen großen Korb voller Weinflaschen aus der Tiefe des Sodbrunnens heraufzuziehen. Erstaunt über diese umständliche Methode des Weinkühlens fragte ich, warum er keinen Eisschrank anschaffe. «Weil ich keine Resten essen will», war die Antwort.

Ich habe nie wieder eine so prächtig-üppige Tafel gesehen wie auf dem Schloß des Konsuls. Ein riesiger runder Tisch war buchstäblich bedeckt mit den leckersten Dingen: Fische an den mannigfachsten Saucen, aufgeschnittene Braten, Schinken und Würste, Enten- und Wildterrinen, Artischocken und Oliven, ölglänzende kalte Gemüse von allen Sorten – es war ein Augenschmaus in allen nur denkbaren Farben und Formen. Dazu kam, daß jeder Tischgenosse – wir waren jeweils zu acht – seine Vorliebe für bestimmte Weiß- und Rotweine hatte, weshalb aus dem kulinarischen Labyrinth zusätzlich sechzehn helle und dunkle Flaschenhälse ragten.

Der Konsul war mit einer d'Adhemar verheiratet; sie war eine noch schöne, stattliche Erscheinung mit betont aristokratischen Allüren. Man hatte den Eindruck, daß das Leben an ihr vorbeifloß, ohne daß sie die geringste Notiz davon nahm. Sie sprach mich konstant mit «Monsieur Gas» an. Wenn man ihr etwas erzählte, lächelte sie abwesend, so daß man nie wußte, hörte sie zu oder nicht. Einmal aber trat sie aus ihrer Reserve heraus und beschloß, den schon erwähnten

Ausflug nach Saintes-Maries: «Ce sera un picnic comme en Suisse!»

Für dieses Picknick nach Schweizer Art fuhren drei Wagen vor: zwei für die Schloßherrschaft und einer fürs Gesinde. Am Strand von Saintes-Maries angekommen, wurden Klappstühle und -tische aufgestellt, Tischtücher ausgebreitet und diese nicht anders als auf dem Schloß mit zahllosen Schalen, Schüsseln und silbernen Terrinen gedeckt. Nicht zu vergessen die vierzehn Flaschen mit den individuellen Weinen...

Zu den Tischgenossen zählte, außer dem Konsul und der Konsulin, den beiden halberwachsenen Töchtern, deren Gouvernante und mir, auch die Nichte Suzy. Suzy war ein plumpes blondes Mädchen meines Alters, das sich geistig von einer Filmzeitschrift ernährte und sich mangels anderer Objekte so heftig in mich verliebte, daß mich der Konsul eines Tages ins Gebet nahm und mir die Konditionen einer Heirat Suzys bekanntgab. Ihre Morgengabe bestand aus zehn, ihre Anwartschaft aus runden fünfzig Millionen, und vom Bräutigam wurden drei Dinge erwartet: Er mußte Protestant sein, einen achtbaren Beruf haben und, solange Suzys Eltern lebten, drei Monate im Jahr bei ihnen verbringen. Da ich nur der ersten Bedingung ganz genügte und zur Erfüllung der dritten keine Lust hatte, ließ ich die Sache auf sich beruhen. Suzy heiratete bald darauf einen Bierbrauer aus Béziers. Sie schickte mir noch eine Postkarte aus Prag, wo ihr Gatte die Flitterwochen mit Hopfengeschäften verband.

PARISER LEBEN

Mitte Oktober 1930 fuhr ich nach Paris – zum ersten Mal, nachdem ich fast ein ganzes Jahr in Frankreich gelebt hatte.

Die wirtschaftliche Basis, die mir meine Vereinbarung mit der «Neuen Zürcher Zeitung» garantierte, war äußerst prekär: ganze einhundertfünfzig Schweizerfranken. Damit konnte man sich zur Not über Wasser halten, wenn man mit dem Essen eines Prix-fixe-Restaurants und einem lausigen Studentenhotel vorlieb nahm. Das tat ich, ohne mich um eine Verbesserung dieses minimalen Lebensstandards zu bemühen. Zwar schrieb ich gelegentlich für andere Schweizer und für deutsche Zeitungen, doch fehlten mir zur Vielschreiberei Ehrgeiz sowohl als Fleiß.

Was den letzteren betrifft, so darf ich allerdings sagen, daß alles, was ich in den Pariser Jahren zu Papier brachte, mit Sorgfalt und vor allem mit Liebe geschrieben war. Aber gerade diese Liebe hinderte mich, mich über etwas zu äußern, zu dem ich nicht ein starkes inneres Verhältnis hatte.

Mir um die Gegenwart oder gar um die Zukunft Sorgen zu machen, fiel mir nicht ein. Ich hatte ein felsenfestes Vertrauen in meinen guten Stern, der mir schon bis dahin zur rechten Stunde die rechte Begegnung verschafft hatte. Und das, ohne daß ich von meiner Seite dazu beigetragen hätte. Auch in Paris funktionierte diese Fügung schon in den allerersten Tagen und führte mir die beiden für die nächsten Jahre entscheidenden Menschen zu: die Buchhändlerin Adrienne Monnier und meinen Freund Bernard Maupoil.

Mit Adrienne Monnier war das so:

Das «Hôtel des Etudiants», wo ich im Oktober 1930 Quartier nahm, liegt am unteren Ende der Rue Monsieur-le-Prince. Von dort sind es nur ein paar Schritte zur Rue de l'Odéon. Auf der Suche nach der nächstgelegenen Buchhandlung fand ich dort «La Maison des Amis des Livres», die, verbunden mit einer Leihbibliothek, von Adrienne Monnier geführt wurde. Schon bei meinem ersten Besuch kam ich mit der Buchhändlerin ins Gespräch, und nicht lange dauerte es, bis sie meine literarische Erziehung energisch und zielstrebig an die Hand nahm. Adrienne stammte, wenn ich mich recht erinnere, aus Burgund. Sie mochte damals etwa vierzig sein, war eine kleine Person mit blauen Augen und einer Stupsnase im rotbakkigen Apfelgesicht. Das Auffallendste an ihr war die Gewandung: Sie trug das ganze Jahr ein hochgeschlossenes, langärmeliges Kleid aus derbem, grauem Wollstoff, mit eng sitzendem Mieder und einem bis auf die Füße fallenden Faltenrock, der ihr das Aussehen eines Nönnchens oder Beginchens gab. Ihre Bewegungen verrieten Energie und Tatkraft, ihre Stimme war resolut, die ganze kleine Person strahlte Dezidiertheit aus.

Ihrem bäurisch-biederen Habitus zum Trotz war Adrienne ein hochgeistiges Wesen, Mittelpunkt und

Animatorin eines Kreises, der gewissermaßen den Geist der «Nouvelle Revue Française» in Reinkultur darstellte. Paul Valéry, André Gide, Léon-Paul Fargue usw. gehörten zu ihrer «chapelle». Ihre größte Verehrung aber galt Valery Larbaud, der zu meiner Zeit aber schon seit langem invalid war und fern von Paris lebte.

Adrienne hatte in den zwanziger Jahren eine literarische Zeitschrift unter dem Titel «Le Navire d'Argent» herausgebracht. Sie war nach kurzem eingegangen, und Adrienne mußte, um den Verlust zu decken, ihre Privatbibliothek verkaufen.

Nach Ladenschluß ließ Adrienne die Hintertür der Buchhandlung für ihre Freunde offen. Man versammelte sich dann in der Ecke, die ihr als Privatkontor diente. Fast täglicher Gast dieses intimen Cenaculums war Fargue, der sich dort von seinen «Promenades dans Paris» ausruhte, schnurrige Geschichten und Aperçus von sich gab und jedem, der zu der kleinen Gesellschaft stieß, eine englische Zigarette nicht anbot, sondern in die Hand drückte.

Adrienne Monnier bewohnte auf der gegenüberliegenden Straßenseite ein Appartement mit ihrer Freundin Silvia Beach, die im selben Haus den Buchladen «Shakespeare & Cie.» betrieb. Der Laden von Silvia Beach war der Treffpunkt der jungen englischen und amerikanischen Literaturdiaspora. Dauernden Ruhm hat sich die Freundin Adriennes als Verlegerin von James Joyce erworben, dessen Werke damals in den angelsächsischen Ländern noch verpönt waren.

Zu jener Zeit war Adrienne damit beschäftigt, zusammen mit einem Team von Literaten «Finnegan's Wake», dessen Arbeitstitel damals noch «Work in Progress» hieß, ins Französische zu übersetzen. Das brachte sie auf den Gedanken, Joyce zu einer Vorlesung des Bruchstücks «Anna Livia Plurabella» in ihre Buchhandlung zu bitten. Joyce sagte zu.

Es war ein heißer Abend im Frühsommer 1931. Der Laden war bis ins letzte Eckchen mit Menschen gefüllt. Ein ungeheures Stimmengeschwirr erfüllte den Raum. Jeder schien jeden und jede zu kennen und außerdem: es galt eine Sensation zu kommentieren. Die bevorstehende Vorlesung nämlich war, wie es sich schnell herumgesprochen hatte, nur bedingt als solche anzusprechen. Nicht daß Joyce abgesagt hätte. Aber er hatte das Stück «Anna Livia Plurabella» auf Platten gesprochen, die nun in seiner Anwesenheit abgespielt werden sollten.

Ich hatte mir, ganz im Hintergrund des Lokals, neben der Hoftüre, eine Tischecke ergattert. Am Platz neben mir saß, ebenso unbequem wie ich, Edouard Dujardin.

Dujardin war der Nutznießer einer literarischen Schicksalslaune. Er hatte vor Jahr und Tag, in der Glanzzeit des Symbolismus, zu den intimsten Freunden Stephane Mallarmés gehört, war das Haupt der damaligen ersten Wagner-Verehrung, der Herausgeber der «Revue Wagnerienne» gewesen. Wer immer sich mit jener Epoche befaßt, wird seinem Namen auf Schritt und Tritt begegnen.

Nach dem Tode Mallarmés war er dann allmählich von der literarischen Bildfläche so gut wie ganz verschwunden, und wahrscheinlich hätte sich niemand mehr um ihn gekümmert, wenn nicht Joyce eines Tages eine Entdeckung gemacht hätte. Der Verfasser des «Ulysses» fand nämlich heraus und verkündete allenthalben, daß seine berühmte Methode des «monologue intérieur» gar nichts Neues sei, daß das, was als seine ureigenste Erfindung gepriesen wurde, bereits vor Jahrzehnten durch Dujardin in seinem Büchlein «Les lauriers sont coupés» verwirklicht worden sei. Dadurch kam Dujardin zu einem späten und – wenigstens in den Kreisen um Joyce – nicht unbeträchtlichen Ruhm. Durfte es da verwundern, wenn er ständig im Kielwasser seines großen «Nachfolgers» schwamm und von dessen Ruhmesglanz möglichst viel auf seine eigene Person zu lenken trachtete?

Inzwischen war Joyce erschienen. Er saß neben dem schwarzen Kasten, dem er seine Stimme für diesen Abend geliehen hatte, saß allen sichtbar und selber keinen sehend. Denn seine halbblinden Augen waren, wie stets, hinter dicken schwarzen Gläsern versteckt.

Die «Vorlesung» begann. War's mehr als ein Spektakel und Kuriosum? Wer unter den Anwesenden verstand Englisch? Und wer von denen, die es im College oder bei Berlitz gelernt hatten, vermochte diesem Englisch zu folgen? Und außerdem: jeder hatte sich zuerst mit der Erscheinung des stummen Vorlesers abzufinden, mit dieser seltsamen Trennung von Körper und Stimme, mit der Tatsache, daß da ein großer Dichter stumm wie ein Standbild saß, während seine Stimme gleichzeitig laut und leise durch den Saal schwang.

Es gab eine Störung. Ein Nachzügler begehrte ziemlich stürmisch Einlaß. Man hörte beschwichtigende Flüsterworte an der Tür, dann schlich sich auf Zehenspitzen ein langgliedriger, unverkennbar amerikanisch aussehender junger Mann in unsere Ecke. Es sei der Dichter X. Y., flüsterte man hinter mir (den Namen habe ich vergessen).

Dieser junge Mann stellte sich mir gegenüber mit dem Rücken an eine Bücherwand. Er schien etwas über den Durst getrunken zu haben, denn er schwankte im Stehen leicht hin und her. Nach einer Weile begann er die Zuhörer seiner Umgebung eingehend zu mustern, fixierte und examinierte jeden einzelnen und schien dann endlich einen würdigen Gegenstand für seine Neugierde gefunden zu haben: Dujardin.

Es bleibt nachzutragen, daß der Dichter von «Les lauriers sont coupés», ein großer hagerer Mann in den Siebzigern, insofern von auffallendem Äußern war, als seine vergißmeinnichtblauen, weitaufgerissenen, etwas hervorquellenden Augen den vollen Kreis der Iris sehen ließen, so daß man meinen konnte, er befände sich ständig im Zustand des höchsten Erstaunens, ja des Entsetzen's. Dieser ungewöhnliche Blick schien es dem Amerikaner angetan zu haben. Er versuchte, unter Aufbietung aller mimischen Fähigkeiten, den Ausdruck seines Gegenübers nachzuahmen. Dujardin, dem das Manöver nicht entging, zischte ihn an: «Wenn Sie nicht sofort aufhören, mein Herr, dann haue ich Ihnen eine herunter!»

Der junge Dichter ließ sich nicht beirren, schnitt weiter Grimassen, bleckte die Zähne, streckte die Zunge heraus, rollte die Augen, wackelte mit den Ohren. Kurz, er trieb ein rechtes Affentheater, bis Dujardin aufsprang und ihm links und rechts eine Ohrfeige gab.

Es waren herrliche Ohrfeigen. Niemand hätte sie dem alten Mann und Mallarmé-Freund zugetraut. Sie schallten nur so, übertönten die Stimme des Grammophons, und der Geschlagene erhöhte ihren akustischen Effekt noch dadurch, daß er vor Schreck und Schmerz jaulte wie ein junger Hund.

Ein allgemeiner Tumult entstand. Man sprang von den Sitzen auf, fragte laut, was geschehen sei, umringte den vor Wut und Aufregung zitternden Dujardin und den laut jammernden, die Backen reibenden amerikanischen Dichter.

Im Hintergrund aber rezitierte das Grammophon unentwegt aus «Anna Livia Plurabella». Niemand achtete mehr darauf, doch dachte auch niemand daran, die Maschine stillzulegen, dem Wunder der Technik in den Arm zu fallen. James Joyce aber saß neben dem schwarzen Zauberkasten, blind und unfähig, seiner eigenen Stimme, die sinnlos weiterdeklamierte, Einhalt zu gebieten, ein lebendes Sinnbild des von der Technik überlisteten und vergewaltigten Menschen...

Doch nun zu meinem Freund Bernard Maupoil:

Nach den ersten zwei oder drei Wochen in Paris hatte ich im Verlag der «Nouvelle Revue Française» eine Besorgung zu machen. In der kleinen Galerie, die dort als Vorraum diente, war eine Ausstellung über den Russenfilm gehängt. Nachdem ich meine Geschäfte erledigt hatte, nahm ich sie in Augenschein. Sie wurde von einem jungen Mann, der an einem Tisch saß und las, bewacht. Da ich der einzige Besucher war, kamen wir bald ins Gespräch. Der Aufseher, anscheinend ein Student, der sich auf diese Weise ein kleines Taschengeld verdiente, fragte mich, ob ich mich auch für Musik interessierte, ein junger russischer Pianist werde am übernächsten Nachmittag bei ihm spielen. Da ich damals in ganz Paris noch keine Menschenseele kannte, sagte ich zu. Er nannte seinen Namen – Bernard Maupoil – und gab mir nur seine Adresse.

Ich hatte erwartet, in eine Studentenbude geladen zu sein, fand aber ein hochherrschaftliches Haus in den Champs-de-Mars und eine elegante Gesellschaft von vierzig oder fünfzig Personen vor, für die livrierte Diener und adrett herausgeputztes weibliches Personal ein glänzendes Buffet-Goûter bereithielten.

Da ich damals als einzigen Anzug meine Reitertracht aus der Camargue besaß, kam ich mir mit Samtrock, hellen Reithosen und buntkariertem Hemd deplaziert vor. Ich schlug mich deshalb zu einem jungen Mann meines Alters, dessen Kleidung ebenfalls unorthodox war: Er trug einen blauen Matrosenpullover und blaue Überhosen, sogenannte Bleus de Chine.

Dazu grün und rot karierte Schottenstrümpfe. Er nannte sich Georges Gortschakoff und war gebürtiger Russe.

Die Hausherrin, Bernards Großmutter, war eine Dame von über Achtzig, eine stattliche Erscheinung mit üppigem weißem Haar und großgeschnittenen, fast männlichen Zügen. Sie nahm bei Bernard die Stelle von Vater und Mutter ein. Wer seine Eltern waren, wo er aufgewachsen war, habe ich im Laufe unserer Freundschaft nie erfahren. Denn bei aller Liebenswürdigkeit hatte Bernard etwas Unnahbares, das persönliche Fragen verbot. Alles, was ich mit der Zeit herausbrachte, war, daß er die Ecole Coloniale besuchte und zum engen Kreis von André Gide gehörte.

Auch über Gortschakoff, mit dem ich mich bald befreundete, habe ich in all den Jahren nicht mehr erfahren, als daß er ein Großneffe des zaristischen Außenministers gleichen Namens war und bei Serge Prokofjew Kompositionsstunden genommen hatte. Als ich ihn kennenlernte, arbeitete er in einem russischen Musikverlag an der Rue d'Anjou als Sekretär. Einige seiner Kompositionen lagen bereits gedruckt vor; als völliger Laie konnte ich mir darüber kein Urteil bilden.

Ein dritter Gast, mit dem ich in meiner Pariser Zeit in freundschaftlichem Verkehr stehen sollte, war R. B. Er war der Sohn eines kleinen Beamten und bereitete sich in der Ecole des Sciences Politiques selbst auf die Beamtenlaufbahn vor. Er war begabt und ehrgeizig und hat es später zu hohen und höchsten Ämtern in der vierten und fünften Republik gebracht.

Auch Anne B. lernte ich an diesem musikalischen Nachmittag kennen. Sie war großgewachsen, blond, schön, geistreich – der Inbegriff der vollkommenen jungen Französin. Sie studierte protestantische Theologie; ihr Vater war einer der höchsten Magistraten des Landes.

Ich war glücklich, auf einen Schlag vier Kameraden gefunden zu haben; am meisten faszinierte mich die Großmutter. Sie hatte als junges Mädchen noch in den Tuillerien getanzt und dann alle Abenteuer des europäischen Geistes mit großem Enthusiasmus mitgemacht. Als eine der ersten hatte sie Bayreuth besucht und sich dann so sehr für Ibsen begeistert, daß sie anfing, Norwegisch zu lernen. Als ich sie kennenlernte, hatte sie, Bernard zuliebe, ihre sowjetische Phase und besuchte mit dem Enkel jedes russische Konzert und jeden Russenfilm. Als ich sie fragte, ob sie für den Fall eines französischen Sowjetregimes nicht um ihren Wohlstand bange, sagte sie: «Ich bin eine alte Frau, alles, was ich benötige, ist ein weichgekochtes Ei und eine Kammerzofe...»

Als ich sie eines Tages besuchte, stand ein Möbelwagen vor dem Haus, und ein Flügel wurde gerade ausgeladen: Madame Maupoil, die bereits einen Flügel besaß, erklärte die überraschende Neuerwerbung mit der Ankunft einer alten Freundin, die mit ihr unter dem Zweiten Kaiserreich die Pension besucht habe und daraufhin über fünfzig Jahre in Südamerika verheiratet gewesen sei. Vor ein paar Tagen sei sie verwitwet zurückgekehrt. «Und da wir in der Pension auf zwei Klavieren zu spielen pflegten, habe ich bei Pleyel einen zweiten Flügel bestellt, um diese liebe Gewohnheit wieder aufzunehmen.»

Im folgenden Frühling mußte Bernard seinen Militärdienst absolvieren. Um das Auseinanderfallen seines Freundeskreises zu verhindern, lud Madame Maupoil Anne, Gortschakoff, Robert, mich und ein paar andere Freunde ihres Enkels jeden Monat zu einem Nachtessen ein: Dabei wurde einer bestimmt, der am folgenden Wochenende Bernard in Colmar, wo er in Garnison war, auf Kosten der Großmutter besuchen sollte.

Bernard war, von Gortschakoff abgesehen, dessen Alter unbestimmbar war und der sich gern als Greis bezeichnete, der älteste von uns. Obgleich der Unterschied nur zwei oder drei Jahre betragen mochte, genoß er einen ganz ungemeinen Respekt. Man ging ihn um Rat an, man achtete sein Urteil, man riskierte in seiner Gegenwart kein leichtsinniges Wort. Das Schweigen, mit dem er seine Studien, seinen weiteren Umgang mit Menschen, seine ganze, außerhalb unseres Kreises sich abspielende Existenz umgab, erhöhte noch seine Faszinationskraft. Und geheimnisvoll wie seine ganze Existenz war auch sein Ende: Er wurde während der Okkupation in den Kellern der Gestapo umgebracht.

Undurchschaubar war auch Freund Gortschakoff. Außer Bernard und der Großmutter schien niemand seine Adresse zu kennen; alle Verabredungen wurden an seinem Arbeitsplatz getroffen. Eines Tages stellte er mir seinen Vetter vor, einen etwa sechzehn- oder siebzehnjährigen Russen, der so schön wie Gortschakoff häßlich war. Er hieß Jury, war bei einer Molkerei angestellt und fuhr mit einem Dreirad Joghurt aus. Ein braver und liebenswürdiger Junge, aber so ungebärdig, daß man stets auf die spektakulärsten Temperaments- und Zornesausbrüche gefaßt sein mußte. Besonders, wenn ein weibliches Wesen in der Nähe war, war Jury nicht mehr zu halten. Einmal, als Roberts Eltern verreist waren, gaben wir in deren Wohnung ein Galaessen zu Ehren von Anne. Wir hatten beim Bäkker eine Hammelkeule in Brotteig backen lassen. Anne war der einzige weibliche Gast, und Jury war von ihrer Schönheit so fasziniert, daß man jederzeit ein Attentat gewärtigen mußte. Um ihn daran zu hindern, setzte ihn Gortschakoff zwischen sich und mich, und jeder von uns hielt ihn während des ganzen Abends an seinem Hüftgürtel fest.

Dann wurde ich zu meinem Erstaunen von den beiden Vettern zum Nachtessen eingeladen. Sie wohnten damals in der Arbeitervorstadt Malakoff. Während des ganzen Abends hörte man Geräusche im Nebenzimmer und einmal sogar eine weibliche Stimme, die sich mit einer Katze oder einem andern Haustier unterhielt. Ich verbot mir eine Frage, erwähnte aber den Zwischenfall ein paar Tage später. «Das war meine Frau», sagte Gortschakoff kurz. Es war nie mehr von ihr die Rede.

Eines Tages erklärte Gortschakoff, er habe die Musik und die Arbeit im Verlag aufgegeben und sei Instruktor auf einem Segelschiff geworden, das in Passy vor Anker lag und auf dem Waisenknaben ausgebildet wurden. Ich besuchte ihn dort auch später, nachdem ich Paris verlassen hatte, zum letztenmal noch wenige Wochen vor dem Ausbruch des Zweiten Weltkrieges. Er wird ihm, wie Bernard, zum Opfer gefallen sein. Ich habe nie wieder von ihm gehört.

Außer dem «Coté de chez Monnier» und dem «Coté Maupoil» gab es seit dem Spätwinter 30/31 auch die Rue Toullier. Dort wohnte in dem Hause, das durch Rilkes Aufenthalt berühmt geworden war, ein deutscher Journalist mit Namen Dr. F. Er bediente mehrere deutsche Zeitschriften und Zeitungen mit Pariser Kunstberichten. Da er aber ungewöhnlich faul war und im Grunde keine Beziehung zur Kunst hatte, begnügte er sich mit dem Ab- und Umschreiben des Materials, das bei Ausstellungseröffnungen und Vernissagen an die Presse abgegeben wird. Sein eigentlicher Lebenszweck war die Geselligkeit: das Aufspüren und Zusammenführen von Menschen aller Alters- und Gesellschaftsklassen.

Sein Äußeres war alles andere als anziehend. Obgleich er wenig über dreißig sein mochte, neigte er zu Beleibtheit, und auch seine Stimme hatte etwas unangenehm Speckiges. Vor allem war er von einer monströsen Indiskretion. Trotz diesen Mängeln übte er eine sehr starke Faszinationskraft besonders auf junge Leute aus. Die letzte Erklärung seines erstaunlichen Erfolges aber bestand in der einfachen Tatsache, daß er tagtäglich von vier bis sieben Uhr nachmittags zu

Hause und zu sprechen war. Wenn man um diese Zeit nichts anderes vorhatte und sich im Quartier Latin befand, so begab man sich einfach an die Rue Toullier 23 und war sicher, bei Dr. F. eine animierte und animierende Gesellschaft zu finden.

Außer Konversation wurde an diesen Zusammenkünften nichts geboten – kein Glas Wein, keine Tasse Tee. Dafür war man sicher, jedesmal neben gleichgültigen auch ungewöhnliche Leute zu treffen: Engländer, Deutsche, Österreicher, Skandinavier, auch Franzosen. Präsidiert wurde die bunte Gesellschaft vom Hausherrn, der wie eine fette Kreuzspinne stolz darauf war, daß ihr wieder so viele bunte Fliegen ins Netz gegangen waren.

Im Grunde war Dr. F. so etwas wie ein passionierter, aber uneigennütziger Kuppler. Er verfolgte die Liaisons, die sich in seinem Salon anknüpften, über Jahre hinweg und hatte seine Freude daran.

Bereits bei meinem ersten Besuch an der Rue Toullier lernte ich J. J. kennen. Er war vier oder fünf Jahre älter als ich, studierte Sinologie an der Sorbonne und stammte aus einer nördlich von Hamburg gelegenen Kleinstadt. J. J. war der Erbe einer Firma, die seit dem 18. Jahrhundert vom Vater auf den Sohn übergegangen war und auf deren besonderen Charakter auch seine chinesischen Studien ausgerichtet waren. Das Bewußtsein, eine große Familien- und Firmentradition fortsetzen zu müssen, hatte seine Wesensart geprägt; anderseits stand er unter starken erotischen Zwängen, deren Befriedigung er seine ganze freie Zeit widmete. Das Resultat war eine von ethischen Imperativen beherrschte Libertinage, die mich in hohem Maße ansprach.

Er bewohnte damals das Hôtel Libéria auf Montparnasse, ein ausgesprochen übel beleumdetes Haus. Da dort nicht nur jeder jeden kannte, sondern auch ein reger und jede Förmlichkeit mißachtender Verkehr von Zimmer zu Zimmer die Regel war, genügte ein Aufenthalt von wenigen Stunden, um die ausgefallensten Exemplare einer aus allen Nationen zusammengewürfelten homoerotischen Gesellschaft kennenzulernen. Dank seiner angeborenen Autorität dominierte J. J. diese seltsamen Vögel. Halb amüsierten sie ihn, halb verachtete er sie und brachte das Kunststück zustande, inmitten dieses Jahrmarktes der Liebschaften seine sinologischen Studien voranzutreiben und zum Abschluß zu bringen.

Zum Kreis um Dr. F. gehörte als einziger Franzose, als einziger Vertreter der Vorkriegsgeneration auch der «Maler» J.S. Ich setze Maler in Anführungszeichen, denn J. S. besaß zwar ein großes und mit allem Komfort ausgestattetes Atelier, auf der Staffelei aber stand in den langen Jahren unserer Bekanntschaft immer dasselbe Bild. Es zeigte eine Weinflasche vor neutralem Hintergrund. Die Erklärung dieses Phänomens: J.S. hatte in jungen Jahren eine reiche Erbin geheiratet, die mit den damals halberwachsenen Kindern in einem Pariser Villenvorort lebte. Um seinen ganz anders ausgerichteten Vergnügungen nachzugehen, hatte sich der Pater familias als Maler etabliert, und das Flaschenbild, an dem er übrigens dauernd und nicht ohne Talent arbeitete, diente als Alibi für sein Doppelleben.

J. S. war der geborene Flaneur, und da er Geschmack besaß, war er zu einem exzellenten Kenner der Stadt geworden. Ein knabenhafter Zug, der seinem Charakter das Gepräge gab, ließ ihn auch tausend Kuriositäten entdecken. Seine profunde Bildung und seine Herzenshöflichkeit machten ihn zum angenehmsten Gesellschafter. Im Sommer 1931 mietete er ein kleines Haus in den Olivengärten über Sanary; wir verbrachten dort ein paar Wochen ungetrübten Landlebens. Unsere Freundschaft sollte gegen vierzig Jahre dauern: Als J. S. hoch in den Achtzig starb, hinterließ er als einziges Werk das Bild mit der Bordeaux-Flasche.

EDUARD KORRODI

Als ich im Alter von zwanzig Jahren, nichts gelernt habend und wenig könnend, beschloß, mich in Arles-en-Provence als Feuilletonist zu etablieren, suchte ich die drei damals führenden Feuilletonredaktoren der Schweiz auf: Hugo Marti vom Berner «Bund», Knuchel von den «Basler Nachrichten» und Eduard Korrodi von der «Neuen Zürcher Zeitung».

Marti, der meine ersten Schritte in diesem Metier freundlich gelenkt hatte, begegnete meinen Plänen mit Besorgnis und Skepsis. Wenn mir an einer schriftstellerischen Karriere liege, so solle ich besser einen literaturnahen Beruf ergreifen und beispielsweise Buchhandlungsgehilfe werden. Knuchel betrachtete das Vorhaben als reinen Wahnsinn; er sah mich bereits hungernd und abgerissen an einer provenzalischen Straßenecke sitzen.

Korrodi empfing mich mit dem ganzen Charme, über den er verfügte, sagte, die Schwierigkeiten, von denen man fasele, existierten in Wirklichkeit nicht, es gebe zwar zu viele schlechte Journalisten, aber zu wenig gute. Ich verließ ihn in einem Taumel der Begeisterung und fuhr am 8. November in die Provence.

Im Herbst 1930 hatte ich den Eindruck, die provenzalische Weide abgegrast zu haben; ich fuhr in die Schweiz zurück. Da Bern am Wege lag, suchte ich zuerst Hugo Marti auf, um meine nächste Zukunft zu diskutieren.

Es war kurz nach jenen denkwürdigen Reichstagswahlen, die den Nationalsozialisten auf einen Schlag einhunderteinundfünfzig Mandate eingebracht hatten. Marti war überzeugt, daß sich in Deutschland Überraschendes ereignen werde, und schlug mir vor, als Kulturkorrespondent des «Bund» nach Berlin zu gehen.

Ich sagte zu, fand es aber geraten, meinen zweiten Brotgeber, Eduard Korrodi, von meinen Plänen zu informieren.

Korrodi, dessen hervorstechendste Eigenschaft die Eifersucht war, sagte in wegwerfendem Ton: «Was wollen Sie für den ‹Bund› nach Berlin, der hat ja kein Geld. Gehen Sie für die ‹Neue Zürcher Zeitung› nach Paris.»

Es verhielt sich nämlich so, daß der bisherige Pariser Korrespondent, Jean-Rodolphe von Salis, kürzlich die politische Berichterstattung des «Bund» übernommen hatte und seine Stelle somit frei war. Ich sagte Korrodi zu und Marti ab und fuhr nach Paris.

Eduard Korrodi war ein Mann von kleiner, untersetzter Statur. Seine körperliche Beschaffenheit war nicht zuletzt schuld an den Komplexen, von denen er mehr hatte als ein Hund Flöhe. Er war, als ich ihn kennenlernte, vierundvierzig Jahre alt, auch darunter litt er. Als ich ihn einmal spät nach seiner Pariser Herberge, dem Hôtel d'Alsace, zurückbegleitete und er von der Rue de Cluny in den Boulevard St. Germain einbiegen wollte, schlug ich vor, den Boulevard St. Michel noch einmal hinauf- und hinunterzugehen, und fügte hinzu: «Das ist um diese Zeit die sympathischste Straße: lauter junge Leute um die Zwanzig.» Das erboste ihn so, daß er sich wortlos von mir abwandte und allein nach Hause ging.

Im Januar 1931 kam er für drei Wochen nach Paris, um eine Art von Standortbestimmung des literarischen Lebens zu machen. Er gehörte zu den Menschen, die ihre angeborene Unbeholfenheit dazu benutzten, andere für sich wirken zu lassen. Zu diesem Zweck hatte er einen angehenden Redakteur der «Neuen Zürcher Zeitung», einen Dr. St., als Reisemarschall mitgenommen. Dr. St. aber verliebte sich schon in den ersten Tagen in eine schwarze Prostituierte aus Martinique namens Loulou und kümmerte sich in der Folge wenig um seinen Chef. Ich hatte deshalb seine Funktionen zu übernehmen, Korrodis Verabredungen zu treffen, ihm bei den Mahlzeiten Gesellschaft zu leisten und ihm beim Überqueren der Straßen behilflich zu sein; denn zu seinen vielen Hemmungen gehörte auch die Platzangst. Bisweilen mußte ich einen Boulevard zwei-, dreimal passieren, um ihn von der Ungefährlichkeit des Unternehmens zu überzeugen. Er stand dann am Trottoirrand und lächelte sein unbeholfen-arrogantes Froschlächeln. So sehr ich mich aber bemühte, er war nie zufriedenzustellen. Einmal stellte er mir als Beispiel eines perfekten Reisebegleiters einen jungen Mann hin, der ihm seinerzeit in Skandinavien zu Diensten gewesen war: Dieser habe, während Korrodi eine Postkarte geschrieben habe, immer schon die Briefmarke abgeleckt...

Nach guter NZZ-Tradition stand er schlecht mit seinen Kollegen, besonders mit X., der während seiner Abwesenheit seine «bête noire» war. Er sandte die Fortsetzungen seines «Pariser Tagebuches» laufend nach Zürich und wartete dann mit solcher Ungeduld auf deren Erscheinen, daß ich jeweils an die Gare de l'Est fahren mußte, um die NZZ ein paar Stunden vor ihrer Ankunft im Stadtzentrum zu erstehen. Wenn dann das «Tagebuch» wieder nicht im Blatt stand, verfiel er in wütende Niedergeschlagenheit. Eines Morgens gestand er, in der Nacht einen Albtraum gehabt zu haben. Er sei bei der Redaktionskonferenz X. gegenübergesessen und habe ihn über das Nichterscheinen seiner Pariser Artikel zur Rede gestellt. X. aber habe nur frech gegrinst und gesagt: «Sie waren mir zu blöd!»

Korrodi liebte es, sich als Grandseigneur zu geben. Wir speisten in den besten Restaurants, und ich, an die Studentenlokale des Quartier Latin gewöhnt, ließ mir die Diners bei Drouant und Prunier gern gefallen.

Um mir auf elegante Art ein Nebeneinkommen zu verschaffen, bat er mich, ihm Französischstunden zu geben. Ich ging darauf ein, doch brachte er mich dadurch zur Verzweiflung, daß er immer die gleichen Fehler machte. So war ihm nicht beizubringen, wann die Anrede Mademoiselle und wann die Form Demoiselle gebraucht werden mußte.

Eines Abends, als Dr. St. unabkömmlich war, entschloß er sich, die schwarze Loulou zum Nachtessen einzuladen. Er hatte sich mit ihr im «Deux Magots» verabredet und ging sie holen, während ich in einem benachbarten Restaurant wartete. Nach zehn Minuten kam er strahlend zurück: Loulou habe ihn versetzt. In Wirklichkeit war sie zur Stelle gewesen. Da aber die Wandkanapees im «Deux Magots» damals mit dunkelbraunem Samt bezogen waren, hatte er die dunkle Schönheit ganz einfach übersehen.

Um diesen Fauxpas wiedergutzumachen, beschloß er, Loulous Tanznummer in der «Boule Blanche» zu besichtigen. Ich begleitete ihn.

Die «Boule Blanche» war ein Nachtlokal à la mode und entsprechend teuer. Da Loulous Auftritt erst nach Mitternacht angesetzt war, tranken wir soviel Punsch aus grünen Zitronen, daß mir Korrodi gegen zwölf Uhr das Du anbot.

Nach ihrer Tanznummer kam Loulou an unseren Tisch, erzählte eine sehr unwahrscheinliche Geschichte von einem Schneider, der soeben eine Bestellung abgeliefert habe und in ihrer Loge auf die Bezahlung warte, Korrodi möge ihr das Geld vorstrecken. Er tat ihr den Gefallen und war wütend. Ich fand, wir müßten aus dem teuren Abend wenigstens mittelbar Nutzen ziehen, indem wir Loulou Dr. St. nach Hause brächten. Wir packten sie in ein Taxi und fuhren nach der Rue des Beaux-Arts, wo St. im gleichen Hotel wie Korrodi, jedoch im fünften Stockwerk, wohnte. Dieses Hôtel d'Alsace, das Sterbehaus Oscar Wildes, hielt so sehr auf gute Sitte, daß der Nachtportier zur Verhinderung nächtlicher Besuche sein Feldbett quer vor die unterste Treppenstufe stellte. Wir stiegen, ohne auf seine Proteste zu achten, über ihn hinweg, ich begleitete Loulou in St.'s Dachzimmer und ging dann Korrodi, der im ersten Stock logierte, gute Nacht wünschen. Er hatte sich bereits seiner Jacke entledigt und stand in der Hose da. Im nächsten Augenblick stürzte die vom Portier alarmierte Hotelbesitzerin im Schlafrock und mit Lockenwicklern im Haar ins Zimmer und schrie: «Die Dame muß hinaus!» Korrodi strahlte vor Genugtuung, für einmal fälschlicherweise verdächtigt zu werden, lächelte sein breitestes Froschlächeln und sagte: «Il n'y a pas de madame ici.» (Immer diese Verwechslung von dame und madame!) Die Wirtin vermutete die Besucherin im Badezimmer. Korrodi riß mit der Gebärde und Mimik eines Zauberkünstlers, der ein Kaninchen zum Verschwinden gebracht hat, die Badezimmertüre auf und wiederholte sein «Il n'y a pas de madame ici!» Im Hochgefühl seines Triumphes forderte er die Besucherin auf, doch auch im Schrank und unter dem Bett nachzusehen. Dieser aber fiel endlich der Konnex zwischen Korrodi und St. ein. Sie erklomm den fünften Stock mit dem Erfolg, daß St. einen Regenmantel über sein Pyjama zog und mit Loulou das Hotel unverzüglich und auf immer verließ...

Mein Beitrag zu Korrodis Interviews bestand in der Regel darin, daß ich die Verabredung traf. Mit James Joyce zum Beispiel. Ich ging zu seiner Verlegerin Silvia Beach, rief ihn an und fragte, ob das im Prinzip bereits zugesagte Gespräch am folgenden Tag um drei Uhr stattfinden könne. Joyce, der offensichtlich schlechter Laune war, behauptete, mein Französisch nicht recht zu verstehen, ich möge den Satz auf deutsch wiederholen. Ich tat es, aber er war noch immer nicht zufrieden und verlangte noch einmal die französische Version. Nachdem er dieses Spiel drei- oder viermal wiederholt hatte, fragte er, von wo ich anrufe. «Von Silvia Beach.» Dann solle ich über die Straße gehen und den Apparat der Buchhandlung von Adrienne Monnier benutzen. Ich rief also von dort aus an, mit dem Erfolg, wieder bemängelt und noch einmal zu Silvia Beach zurückgeschickt zu werden. Dann endlich wurde mir bestätigt, daß die Begegnung anderntags um drei Uhr genehm sei.

Ich wohnte dem Interview als stummer Zeuge bei. Joyce wohnte in der Nähe des Invalidendoms in fast großbürgerlichem Stil. Über dem zerschlissenen Louis XV-Sofa, auf dem er uns gegenübersaß, hing das lebensgroße Porträt seines Vaters in Halbfigur. Es glich Joyce auf eklatante Weise. Mit dem einzigen Unterschied, daß der alte Joyce weit aufgerissene, etwas hervorquellende, blaue Augen hatte, während diejenigen des Sohnes hinter schwarzen Gläsern verborgen waren. Was mich während des ganzen Gesprächs beschäftigte, waren der Mund und die Hände des Mannes. Der Mund war lippenlos und wirkte wie ein mit dem Messer quer durch die untere Partie des Gesichts gezogener Schnitt. Die Hände waren ungewöhnlich, ja unnatürlich lang. Und zwar resultierte diese Besonderheit nicht etwa aus der Länge der Finger, sondern aus derjenigen des Handrückens. Da er die Gewohnheit hatte, während des Gesprächs beide Hände so gegeneinanderzustellen, daß sich die Fingerspitzen berührten, ergab das ein Gebilde von geradezu monströsen Ausmaßen.

Was Joyce während dieser Stunde von sich gab, enttäuschte mich. Er schien sich verpflichtet zu fühlen, uns eine Probe des «monologue intérieur» zu bieten, sprang im Rösselsprung von einem Gegenstand zum andern, kam von einem Midinetten-Umzug, den er am Vormittag gesehen hatte, unvermittelt auf die «Tour de Nesle» zu sprechen, flocht Betrachtungen über die medizinischen Geheimnisse der irischen Mönche ein, und so weiter und so fort. Genau betrachtet aber hatte das, was er da assoziierte, weder Hand noch Fuß.

In Korrodis «Pariser Tagebuch» findet sich auch ein Kapitel, das mit «Jahrgang 1902 und 1909» überschrieben ist. Mit «Jahrgang 1909» war ich gemeint. Seiner wankelmütigen Art entsprechend, vermischte er aber mein Porträt mit dem eines andern Gleichaltrigen, so daß ein rechtes Zwitterbildnis der Generation entstand. Die eindeutig auf mich gemünzten Sätze waren eine Mischung aus Sympathie und abschätziger Kritik, wie überhaupt sein Verhältnis zu mir ambivalent war. Er konnte sich, in Briefen vor allem, zu übertriebenem Lob und zu rückhaltlosen Geständnissen hinreißen lassen und mir gleich darauf, ohne Grund, die kalte Schulter zeigen und sich wochenlang in Schweigen hüllen. Talente zu entdecken, war seine Leidenschaft, und bei der Lancierung eines Neulings erwies er sich von ingeniöser Großzügigkeit. Sobald er aber am Ziel war und die ersten Komplimente über seine Entdeckung zu hören bekam, sah er in dieser auch schon einen Konkurrenten und entzog ihr seine Sympathie. Ich war nicht der einzige, der diese seltsame, aus Großzügigkeit und Neid gemischte Haltung zu spüren bekam: Ihr spektakulärstes Opfer war der zuerst mit allen Mitteln geförderte und dann brüsk fallengelassene Max Rychner.

Wie Rychners «Neue Schweizer Rundschau» spielte das Feuilleton der NZZ im deutschen Literaturleben der zwanziger Jahre eine bedeutende Rolle. Die mit E. K. bezeichneten Kritiken fielen ins Gewicht; ihr Autor zählte zu den Fixsternen am deutschen Literaturhimmel. Das änderte sich, als es nach 1933 wohl noch eine deutsche Literatur, aber keinen Literaturbetrieb mehr gab. Korrodi war von da an ein Fisch auf dem Trocknen, dessen nervöse Zuckungen nicht mehr ernst genommen wurden.

So traurig seine Kritikerexistenz endete und so sehr sein Charakterbild den Spott herausforderte – er besaß eine Faszinationskraft, der man unwillkürlich verfiel. In entscheidenden Dingen war sein Urteil unbestechlich und gerecht, und ich kann sagen, daß ich später nie wieder einen kritischen Geist von einem Feingefühl traf, das sich mit dem seinigen hätte messen können.

JEAN COCTEAU

Ich begegnete Jean Cocteau zum ersten Mal am Morgen nach meiner Ankunft in Paris im Oktober 1930. Vom Montparnasse, wo ich vorläufig Quartier genommen hatte, ging ich gegen den Luxembourg-Garten hinunter und sah dort in einer Buchhandlung einige Zeichnungen des soeben erschienenen «Livre Blanc» ausgestellt. In den folgenden Monaten las ich dann alles, was von diesem Autor erreichbar war. Der Wunsch, ihn persönlich kennenzulernen, war wohl da, doch unternahm ich nichts, um ihn zu verwirklichen.

Im Frühjahr 1931 erschien dann das zweite Buch von Jean Desbordes, «Les Tragédiens». Da die Beziehung Cocteaus zu diesem Autor in jeder Besprechung erwähnt war, griff ich zu einer reichlich plumpen List, um über Desbordes Cocteau kennenzulernen: Ich bat den letzteren um die Adresse des ersteren. Die Antwort Cocteaus: «Cher ami, Jean Desbordes habite à cette adresse.» (Ein Federstrich verband das «9, rue Vignon» über dem Datum mit dieser Briefstelle.) «On vous aime bien. Il faudrait se voir. Mercredi à 4 heures vous-ira-t-il? Jean Cocteau.»

Die Rue Vignon stößt an den Boulevard des Capucines. Das Haus, in dem Cocteau wohnte, lag wenige Schritte vom Boulevard entfernt an der Westseite der Straße. Es war ein großbürgerlich-elegantes Gebäude. Ein indochinesischer Diener öffnete mir. Die Wohnung hatte ein kleines Vorzimmer, dessen der Tür gegenüberliegende Längswand von einer sehr großen Collage fast gänzlich bedeckt war. Darauf sah man zwei kraftvolle, mächtig ausschreitende Männerbeine, über denen ein Stierkopf saß. Ein hellblaues, gewelltes Band aus Moiré-Seide zog sich quer durch die mit kräftigen Kohlestrichen ausgeführte Zeichnung hindurch. Die Signatur rechts unten lautete: «C'est Jean qui a fait ça. Picasso.»

Der Raum, in den ich geführt wurde, war ziemlich groß und hell und glich mit seinen weißgetünchten Wänden und den englischen Sitzmöbeln – wie ich später feststellen sollte – den Salons aller wohlsituierten Intellektuellen von damals. Ohne daß seine Eleganz gestört wurde, war er bestückt mit ausgefallenen und kuriosen Dingen, von denen mir allerdings nur noch die kleine Würfel-Collage von Picasso in Erinnerung blieb, die ich später in Milly-La-Forêt wiedergesehen habe, sie und die über die Deckenbeleuchtung gestülpte Maske einer wahrscheinlich spätrömischen Jünglingsstatue, deren Züge durch Tuschpinselstriche nachgezogen waren. Nachdem ich einige Minuten gewartet hatte, erschien Jean Desbordes.

Desbordes war in den Kritiken der «Tragédiens» durchwegs als Matrose vorgestellt worden, den Cocteau entdeckt hatte und aus dem er mit Teufels Gewalt einen zweiten Radiguet machen wollte. Ich war darum auf eine Art Naturkind gefaßt und war nicht wenig erstaunt, als mit schwebendem Gang ein zartes, schmalgliedriges Bürschchen ins Zimmer kam. Das Auffallendste an ihm waren die großen, etwas traurigen Rehaugen. Das Gesicht war ungewöhnlich langgezogen, die Haare schön gewellt und kastanienbraun, die Haut von Natur aus leicht gebräunt. Was mir schon auf den ersten Blick auffiel, war die vollkommen harmonische Durchbildung aller Körperteile und Gliedmaßen, die den Eindruck des Makellosen vermittelte, ohne daß man deshalb den Menschen als schön bezeichnet hätte.

Desbordes hatte eine melodische, für sein knabenhaftes Äußeres recht tiefe Stimme; sie und sein bescheidenes, fast scheues Auftreten nahmen sogleich für ihn ein.

Ich hatte nie das geringste Talent für das Interview (und ein solches war ja der Zweck meines Besuches) und brachte, verwirrt durch die Umgebung und die Situation, in der ich mich befand, keine Frage heraus. Was den armen Desbordes zwang, einen Monolog von sich zu geben. Er kam zuerst auf die Verderbtheit der Pariser Presse zu sprechen, die sich beim Erscheinen seines Buches wieder erwiesen habe. Des weiteren ließ er sich über die wenigen Dichter und Maler aus, die «uns» wichtig waren – er sprach fast immer in der Wir-Form, womit er sich selber und Cocteau meinte. Den Beschluß seiner Ausführungen machte der angelegentliche Ratschlag, «Le cornet à dés» von Max Jacob zu lesen. Dann führte er mich in das Schlafzimmer Jean Cocteaus und zog sich zurück.

Cocteau lag auf einem breiten, niedrigen Bett und rauchte Opium. Er trug einen Bademantel aus weißem

Frottée-Stoff von demselben Schnitt wie derjenige, den er anläßlich meines letzten Besuches in Milly-La-Forêt nach mehr als dreißig Jahren trug.

Das Rauchen hält seinen Mann in stetiger Tätigkeit. Cocteau war darum während der ganzen Unterredung, die mehr als zwei Stunden dauerte, mit seiner Pfeife beschäftigt, und ich beobachtete fasziniert das Spiel seiner ungewöhnlich ausdrucksvollen Hände mit der Pfeife, der Nadel, die zum Ausschmoren des Harzes dient, mit dem Lampendocht, der höher und niedriger gestellt wurde.

Ich sagte: Unterredung. In Wirklichkeit war es ein Monolog. Ein pausenloses Wortfeuerwerk, das von einem Gegenstand, man wußte nicht wie, zum nächsten sprang und mit einer Präzision und Rapidität ohnegleichen hervorsprudelte.

Das Thema war der Dichter oder genauer: die Kluft, die den Dichter vom Schriftsteller und Literaten trennt. Ich hatte kurz vorher «Le Coq et l'Arlequin» und die andern ästhetischen Essays gelesen und stellte fest, daß Cocteau sich in dieser gigantischen Improvisation, deren Zeuge ich war, nicht ein einziges Mal selbst zitierte: Jeder Satz war funkelnd und scharf geprägt wie eine frischgeschlagene Münze. Und man kann sich ausrechnen, wieviel hundert Aphorismen er in diesen Stunden während seines Selbstgesprächs von sich gab!

Gegen sieben Uhr sagte er, er müsse noch jemanden treffen und werde mich ein Stück begleiten. Er zog sich an, wir gingen die Rue Vignon hinunter bis zur

Madeleine. Der Verkehr war sehr lebhaft um diese Zeit, aber Cocteau ging, ohne nach rechts oder links zu blicken, mitten im Gewühl der Wagen quer über den Platz in Richtung auf das «Café Weber». Ich folgte ihm mit tausend Ängsten, aber er sagte nur: «On ne se fait jamais écraser à Paris.» Zum Abschied verriet er mir seine geheime Telefonnummer: Opéra 1064.

Cocteau war damals zweiundvierzig und ich halb so alt. Er war physisch und psychisch in einer schlechten Phase, sah grau, verbraucht aus und war in einem hohen Grade nervös. Das, was in seinem Werk zählt, war schon getan. Was er noch hervorbringen sollte an Theaterstücken, Filmen, Zeitungsartikeln usw. widersprach dem, was er in dem großen Monolog unserer ersten Begegnung proklamiert hatte. Aber das konnte ich damals nicht wissen.

In den folgenden Wochen sah ich ihn kaum. Einmal brachte ich ihm den soeben erschienenen «Essay de critique indirecte» mit der Bitte um eine Widmung. Er empfing mich nicht. Als ich das Buch nach Tagen wieder abholte, stand auf dem Schmutztitel: «Ne me croyez ni loin ni faché. Je traverse un cyclone de douleur et de musique. Tout ce qui touche au cœur profite de ce phénomène là.» Dann ließ er mich wissen, daß er und Desbordes im Sommer ein paar Wochen in Toulon verbringen würden. Ich hatte Freunde im benachbarten Sanary. So verabredeten wir uns in Toulon. Und da ich vor ihm dort sein würde, gab er mir eine Art Freibrief für den Chef der Sittenpolizei mit. Er lautete: «Mon cher Roux, en cas extrême, je vous recommande Gasser qui ne peut pas être mal, même si les circonstances le desservent. Jean Cocteau.»

In Toulon wohnten Cocteau und Desbordes im «Hôtel des Négociants». Das war ein zweit- oder drittrangiges Haus. Es hatte zwei Vorzüge: die Lage am Quai Cronstadt, wo sich das Tag- und Nachtleben Toulons wie auf einer schmalen, grell beleuchteten Bühne abspielte, und die Tatsache, daß seine Klientel keinen Anstoß an dem aus Cocteaus Zimmer strömenden, den ganzen Korridor füllenden Opiumgeruch nahm. Schließlich mochte auch der geringe Zimmerpreis eine Rolle spielen. Denn soviel ich beobachten konnte, war Cocteau damals finanziell nicht auf Rosen gebettet. Er und Desbordes lebten äußerst bescheiden; sie aßen in einfachen Matrosenkneipen und trieben nicht den geringsten Aufwand. Es sei denn, man erachte das Äffchen als solchen, das Cocteau in seinem Zimmer hielt und an einer langen Kette spazieren führte.

In Toulon blühte Cocteau sichtlich auf. Die für seine Umgebung fast unerträgliche Spannung der Pariser Zeit war einer heiteren Unbeschwertheit gewichen, die sich beispielsweise in seinen Kommentaren zu Zeitungsberichten äußerte. So gab ihm Englands Abweichen vom Goldstandard (étalon d'or) Anlaß zu den amüsantesten Aperçus zu diesem «goldenen Hengst», und als die Invasion Chinas durch Japan bekannt wurde, rief er mit komischem Entsetzen: «Figurez-vous, le peuple le plus petit attaque le plus grand du monde!»

Einmal begleitete ich ihn zum Coiffeur. Er bestand darauf, daß gegenüber seinem Stuhl ein Sitz für mich gestellt werde, damit er sich während der Prozedur mit mir unterhalten könne. Der Coiffeur machte ihn darauf aufmerksam, daß er sich so nicht im Spiegel sehen könne. «Je me regarderai dans le visage de mon ami», sagte er.

Die Touloneser Idylle war von kurzer Dauer. Eines Tages fand ich eine Nachricht beim Concierge: «J'ai une sorte de mal de mer en chambre. J'ai peut-être mangé une mauvaise moule.» Er hatte ein typhoides Fieber. Desbordes besorgte ihm einen Arzt. Ich war bei der ersten Konsultation im Zimmer. Zum Erstaunen des guten Doktors beschrieb Cocteau seinen Zustand auf die phantasievollste Art: «Meine Eingeweide sind ein glühendes Spinnennetz», sagte er unter anderem. Als ihn der Arzt nach seinem Alter fragte, vergewisserte er sich mit einem schnellen Blick, ob ich in Hörweite sei. Dann log er: «Fünfunddreißig.»

Während der Untersuchung hatte der kleine Affe eine Tube Zahnpasta stibitzt. Er setzte sich damit auf das Bidet, öffnete sie, drückte einen rosa Wurm heraus und begann ihn zu fressen. Ich entriß ihm die Tube, aber da saß er schon auf meiner Schulter und biß mich in den Nacken.

Es galt nun, eine Klinik zu finden, die tolerant genug war, Cocteau das Opiumrauchen zu gestatten. In den folgenden Tagen ging ich des öfteren mit Jean Desbordes aus. Er legte eine Naivität an den Tag, von der man nie wußte, ob sie gespielt oder echt war. So beklagte er sich einmal, daß seine weißen Espadrilles so schnell schmutzig würden. Ich sagte ihm, daß er in jedem Schuhladen ein Kreideprodukt finde, mit dem sie sich leicht reinigen ließen. «Welch wundervolle Idee», rief er, «bis jetzt mußte ich alle paar Tage neue Tuchschuhe kaufen.» Als ich später einmal mit Julien Green auf Desbordes und seine Naivität zu sprechen kam, meinte Green trocken: «Il corrige ses lettres en y ajoutant des fautes d'orthographie.»

Nach seinem Klinikaufenthalt kehrte Cocteau für einige Zeit ins «Hôtel des Négociants» zurück, aber ich sah ihn nicht mehr. Als ich ihn besuchen wollte, war Christian Bérard bei ihm, der mich unter der Tür mit einem Satz abwimmelte, der mit «Je vous dis franchement...» begann. Diese Wendung leitet immer eine Unhöflichkeit ein, und ich haßte Bérard von da an. Später allerdings wurden wir gute Freunde.

In dem halben Jahr zwischen Herbst 1931 und Frühjahr 1932 sah ich Cocteau gelegentlich in Paris. Einmal besuchte ich ihn mit Jean-Marie, einem bretonischen Matrosen, der seinen Urlaub in Paris verbrachte. Ich sah Jean-Marie genau dreißig Jahre später in seinem Heimatdorf Locmiquelie wieder. Wir kamen auf die alten Zeiten und auch auf Cocteau zu sprechen. «Ah celui-là, il a fait son chemin!», sagte Jean-Marie.

Er machte seinen Weg, und ich machte den meinen. Ich war in den Aufführungen von «La machine infernale» und «Les parents terribles», sah seine Filme, las alles, was er publizierte, aber ich sah ihn nicht wieder bis August 1945.

Ich hatte im Krieg Hervé Mille kennengelernt, der in Lyon eine Ausgabe des «Paris Soir» für das nicht okkupierte Frankreich geleitet hatte. Ihn und seinen Bruder, der Innenarchitekt war, besuchte ich bei meinem ersten Pariser Aufenthalt nach Kriegsende. Die Brüder Mille besaßen ein Haus im Faubourg St. Germain, das aber damals gerade umgebaut wurde. Deshalb hatten sie in einem kleinen Hôtel particulier beim Parc Monceau vorläufig Quartier genommen. Dieses Haus hatte eine merkwürdige Geschichte. Ein Onkel der Mille hatte es für seine Maitresse gebaut. Wenige Jahre vor dem Ersten Weltkrieg starb die Dame ganz plötzlich, der Onkel folgte ihr kurz darauf im Tode, und die Erben schlossen das Haus, ohne das geringste an seinem Mobiliar und seiner übrigen Ausstattung zu ändern. In dieses seit mehr als dreißig Jahren verlassene Liebesnest luden die Brüder Mille Cocteau, Bérard und mich zum Abendbrot.

Wir aßen in einem winzigen, mit falschen Henri II-Möbeln eingerichteten Speisezimmer. Die Stimmung war trübe, denn Cocteau litt an jener Furunkulose, die er in «La difficulté d'être» beschrieben hat, und saß steif und stumm auf seinem hochlehnigen, unbequemen Eichenstuhl.

Nach dem Essen stieg man ins Schlafzimmer hinauf, das das obere Stockwerk fast zur Gänze einnahm. Es war ganz in Weiß gehalten und in jenem Stil ausgestattet, den man um 1910 für Louis XVI hielt; es mutete an wie eine Kathedrale der Liebe, wobei das von einer Musselin-Kuppel überwölkte Bett den Hochaltar darstellte und die mächtigen Kleiderschränke für die Beichtstühle standen. Es zeigte sich, daß die letzteren noch die gesamte Garderobe der einstigen Bewohnerin enthielten. Auch lag ihr monogrammiertes, silbernes Toilettenbesteck schön geordnet auf dem Frisiertisch, ihre Spitzenwäsche füllte die Schubladen der Waschkommode, ja sogar noch unausgepackte Schachteln des Couturiers Doucet waren vorhanden.

Bérard war in seinem Element. Er drapierte sich mit Peignoirs, Federboas, Mantillen und wippenden Wagenradhüten, mimte abwechslungsweise die Kurtisane und den alten Onkel, spielte Eifersuchts- und Versöhnungsszenen und evozierte mit seiner Pantomime eine ganze Epoche und Gesellschaftsschicht überzeugender und hinreißender, als es ein Romancier oder Dramatiker je vermöchte. Wir amüsierten uns köstlich, nur Cocteau verzog keine Miene. Er litt. Nicht nur an seinen Furunkeln, sondern mehr noch an der Tatsache, daß ein anderer Mittelpunkt des Abends war.

Wieder gab es eine Unterbrechung in unseren Beziehungen; sie dauerte diesmal sechzehn Jahre.

1961 plante ich ein «du»-Heft zum achtzigsten Geburtstag Picassos. Ich schrieb Cocteau, ob er sich meiner noch erinnere und ob er das Vorwort dieser Huldigungsausgabe schreiben wolle. Er antwortete: «Je ne suis pas de ceux qui oublient» und sagte zu. Ich besuchte ihn in Milly-La-Forêt am Rande des Waldes von Fontainebleau.

Das Haus in Milly war ein Flügel der ehemaligen Vogtei, von dieser aber durch Mauern so geschickt abgeschirmt, daß es freistehend wirkte. Der Garten war groß, von algenbedeckten Kanälchen durchzogen und grenzte an ein Wäldchen, das ebenfalls zu Cocteaus Anwesen gehörte. Er war mit kuriosen Plastiken ausgestattet: einer Karussell-Kuh, einem Louis XIV-Negerkopf, einer römischen Maske u.s.f.

Das Innere des Hauses war mit untadeligem Geschmack eingerichtet, doch gab ihm die Überfülle an Erinnerungsstücken einen Stich ins Museale. Der große Salon mit seinen lebensgroßen chinesischen Hündinnen links und rechts des Kamins und seinen Möbeln aus schottischen Kuhhörnern war nicht ganz frei von dem, was Cocteau selber als «le beau luxe des artistes» bezeichnet hatte. Dem etwas überladenen Dekor zum Trotz war die Atmosphäre in Milly gelöst, heiter, ländlich.

Doudou. Etwas später beschlossen wir, ein «du»-Heft über «Das Haus des Dichters» zu machen. Cocteau gab sich große Mühe damit und schrieb im März 1960 während seines Aufenthaltes in St. Moritz Legenden und Kommentare; auch entwarf er den Umschlag des Heftes. Ich besuchte ihn. Es war am Fest Calanda Marz. Die Halle des «Suvretta House», wo er mit Doudou wohnte, dröhnte vom Klang der Kuhglocken und Schellen, mit denen die Schulkinder des Ortes die Kalenden des März einläuteten.

Cocteau und Doudou waren Gäste von Francine Weisweiller, deren «générosité intégrale» Cocteau in

«La difficulté d'être» gerühmt hatte. Madame Weisweiller war eine winzige Person, fast eine Zwergin. Sie lebte auf größtem Fuß, mit Bentley, Chauffeur, Zofe und allem. Sie mochte gegen fünfzig sein, hatte aber das verspielte Gebaren eines Backfischs – was bei Frauen ihrer Körperbeschaffenheit nicht selten ist. Sie gab sich Mühe, von Cocteau und seinen Freunden als «copine» aufgefaßt zu werden, was ihr gut gelang. Ich besuchte sie später mit Cocteau und Doudou in ihrem Haus an der Place des Etats-Unis. Nie im Leben habe ich eine eindrücklichere Zurschaustellung des Reichtums gesehen. Allein die Blumen, mit denen sämtliche Vasen sämtlicher Räume gefüllt waren, hatten ein Vermögen gekostet.

Cocteau schien das Hochgebirgsklima nicht gut zu bekommen. Er war verschlossen und nahm kaum an der Unterhaltung teil. Es war, als sei der Schatten des Todes auf ihn gefallen.

Todesahnung befiel mich auch bei unserem letzten Zusammentreffen in Paris. Wir frühstückten im «Grand Véfour». Er war munter, aß mit großem Appetit, aber seine Aufmachung konnte man nicht anders denn als makaber bezeichnen: Er trug eine Art Redingote aus feinem schwarzen Tuch, mit Samtkragen und Tressen, die ihm bis zu den Kniekehlen reichte – ein Kleidungsstück, das wahrscheinlich nach einem Bild aus den Anfängen des 19. Jahrhunderts kopiert worden war. Während des ganzen Essens hatte ich das Gefühl, einem Gespenst gegenüberzusitzen, einem aus dem Grabe gestiegenen, romantischen Dichter, der

Urlaub vom Tode erhalten hatte und sich nun im «Grand Véfour» gütlich tat.

Nach dem Lunch begleitete mich Cocteau bis zur Métro-Station Palais Royal. Dort küßte er mich – was er noch nie getan hatte – auf beide Wangen. Die Gefühle, die ich in diesen letzten Jahren für ihn hegte, waren zwiespältig. Zu meinem Schmerz mußte ich feststellen, daß ihn sein einst unfehlbarer guter Geschmack verlassen hatte. Die Zeichnungen und Malereien, die er hervorbrachte, taugten nichts. Der Film «Le testament d'Orphée», auf den er stolz war, hielt dem Vergleich mit «Le sang d'un Poète» von 1931 nicht von ferne stand. Was mich besonders beelendete, war sein Haschen nach Ruhm, das er gar nicht nötig hatte. In der ständigen Angst, nicht mehr dabei zu sein, ließ er sich ans andere Ende von Paris fahren, nur um sich in das Gästebuch der Ausstellung eines jungen Stümpers einzutragen, oder er vergeudete seine Zeit damit, Bücher und Schallplatten für Leute, die er nie gesehen hatte, mit überschwenglichen Widmungen zu versehen. Als wir einmal in Milly in bester Laune einen Gigot verzehrten, meldeten sich Leute von der Television für ein Interview. Er brach die Mahlzeit unverzüglich ab, setzte sich in Position und hielt einen Monolog, der aus lauter Wiederholungen dessen zusammengestückelt war, was längst in seinen Büchern stand.

Auf der anderen Hand hatten sich seine guten Eigenschaften mit dem Alter verstärkt und vertieft. Er war von rührender Aufmerksamkeit und tat einem jeden Gefallen. Seine Urteile waren überlegt und gerecht, nie kam ein leichtfertiges oder gar frivoles Wort über seine Lippen. Sobald er kein «Publikum», sondern einen Freund als Partner hatte, gab er sich ohne Pose, herzlich und geradeheraus. Man hat ihm vorgeworfen, junge Leute zum Opiumrauchen und zu andern Lastern verführt zu haben. Als ich in Toulon einmal beiden, Cocteau und Desbordes, beim Rauchen zusah, wollte mir der letztere seine Pfeife geben. «Laß das», sagte Cocteau streng, «es würde ihm nur schlecht.»

Ich sah Cocteau zum letzten Mal am 14. Juli 1963. Es war ein schöner Tag. Cianetti und ich waren früh nach Milly herausgefahren und meldeten uns schon vor zehn Uhr. Cocteau kam gleich herunter; er trug ein weißes Pyjama, darüber den mir so lang bekannten Bademantel aus weißem Frottée-Stoff und Hausschuhe. Wir gingen in den Garten. Cocteau sah angegriffen, aber nicht schlecht aus. Er hatte im Frühsommer einen schweren Herzinfarkt mit Not überstanden, war dann einige Zeit von Jean Marais in Marnes-La-Coquette gepflegt worden und erst vor wenigen Tagen nach Milly zurückgekehrt. Ich fragte ihn, warum er nicht zur Erholung nach St-Jean-Cap-Ferrat zu Francine Weisweiller gefahren sei... Mit Bitterkeit in der Stimme sagte er, er sehe Francine nicht mehr. Ich wollte wissen warum. Sie habe neuerdings immer Leute um sich, die er nicht sehen wolle. Wir dehnten unseren Spaziergang bis zum Wäldchen aus, in das der Garten mündete. Dort war es schattig und kühl. Cocteau wechselte das Thema und kam auf die Zukunft Doudous nach seinem Tode zu sprechen. Da Doudou nicht fähig sei, sich selbst zu erhalten, habe er sich folgendes ausgedacht: Doudou solle das Haus erben und vermieten und aus dem Zins in einem kleinen Gartenhaus leben, das auf dem Grundstück stand. Wir nahmen es auf dem Rückweg in Augenschein. Es hatte nur drei oder vier Zimmer. Cocteau hatte sie neu tapezieren und hübsch herrichten lassen. Sie waren noch unmöbliert.

Gegen Mittag fühlte er sich müde. Er entschuldigte sich, uns nicht zum Essen dabehalten zu können, er müsse sich ein paar Stunden hinlegen. Wir möchten nach drei Uhr wiederkommen. Wir gingen nach Milly, aßen zu Mittag, spielten Karten und sprachen dann wieder vor. Cocteau hatte sich gut erholt. Da es im Garten sehr heiß war, saßen wir in einem kleinen, kühlen Vorzimmer. Er widmete uns sein kürzlich erschienenes «Requiem»: «De tout mon pauvre coeur malade.»

Beim Abschied begleitete er uns bis zum Gartentor und umarmte und küßte uns beide.

Am 3. Oktober starb er. Wenige Tage zuvor hatte ich noch einen Brief von ihm erhalten. Er handelte von einem «du»-Heft, das wir bei jenem letzten Besuch in Milly entworfen hatten und das seinen Porträtzeichnungen gewidmet sein sollte. Der letzte Satz des Briefes lautete: «Notre rêve se réalisera-t-il?»

DIE LIEBE ZU DEN MATROSEN

Die Faszination, die das Seevolk auf die invertierte Welt seit jeher ausübte, dürfte aus der Zeit der Segelschiffahrt stammen. Das lange Abgetrenntsein von andern Liebesobjekten mag damals die Besatzung veranlaßt haben, sich untereinander oder mit den Schiffsjungen zu vergnügen.

Von einer Zwangslage dieser Art konnte zur Zeit, als ich zum ersten Mal nach Toulon kam, keine Rede sein. Die Matrosen der Kriegsmarine (und nur von diesen ist hier die Rede) hatten jede Nacht Landurlaub. Wenn sie dennoch Offerten von männlicher Seite in hohem Maße zugänglich waren, so lag das daran, daß sie zum größten Teil aus den ärmsten Schichten der Bevölkerung stammten und außerdem schlecht besoldet waren.

Nun ist es eine erwiesene Sache, daß die Aussicht auf pekuniären Gewinn Hemmungen, die sich dem Ausleben latenter Neigungen entgegenstellen, beseitigt. Das Liebeshonorar bringt möglicherweise sich regende moralische Bedenken zum Schweigen. Die Geschichte von den beiden Strichjungen, die es miteinander treiben wollten, aber erst in Form kamen, als der eine einen Obulus auf die Nachttischkante legte, besagt in dieser Hinsicht viel.

Des weiteren ist zu sagen, daß die Entlöhnung ja nicht nur in Geld, sondern auch in Zerstreuung bestand. Der Tageslauf und auch die Freizeit der jungen

Leute war monoton, willkommen deshalb das Abendessen und das Gespräch mit einer Person, der es in der Regel nicht an unterhaltendem Talent mangelte.

Die Liebe zu den Matrosen lag in den zwanziger und dreißiger Jahren in der Luft. Chansons, Schlager und Seemannslieder priesen den jungen Mann im blauen Tuch. Den wichtigsten Beitrag zu dieser Poetisierung aber leistete Jean Cocteau. Er hatte den Matrosen zu einer Schlüsselfigur seiner persönlichen Mythologie gemacht. Man kann sich die Rolle, die der Matrose im Bild der Zwischenkriegszeit spielte, schwer vorstellen. In Paris war der Urlauber in Uniform in solcher Anzahl präsent, daß er als Glückszeichen dienen konnte: Befand sich ein Matrose im selben Wagen der Metro, war es ein guter Tag...

Meine erste Matrosenfreundschaft begann am letzten Abend meines Aufenthaltes in Toulon. Ich sah spät in der Nacht einen Jungen auf dem Platz hinter dem Arsenal herumstehen, nahm an, daß er Gesellschaft suchte, und sprach ihn an. Es zeigte sich jedoch, daß er nur auf einen Kameraden gewartet hatte, der pissen gegangen war. Als er wieder erschien, gingen wir zu dritt in eine Bar und unterhielten uns eine Weile. Dann fuhren die beiden mit der letzten Barkasse auf ihr Schiff, den Kreuzer «Jean Barth» zurück.

Mein neuer Freund hieß Jean-Marie und stammte aus einem kleinen Dorf bei Lorient. Er war klein, schwarzhaarig wie viele Bretonen, hatte ein flaches, offenes Gesicht und treue Augen. Wir schrieben uns den Winter über oft, und kurz nach Neujahr 1932 besuchte er mich in Paris. Er war so gutherzig, daß er beim Bezahlen im Restaurant unbedingt Halbpart machen wollte, und so naiv, daß er den Vorschlag, er möge jeweils das Dessert spendieren, als gerechte Teilung annahm. Und beim Erwachen entschuldigte er sich, sich in der Nacht als Satyr gezeigt zu haben...

Im Frühsommer 1932 lernte ich Charles kennen. Ich fand ihn eines Morgens bei meinem Freund Th. de V., der ihn in der Nacht zuvor bei der Gare Montparnasse aufgelesen hatte. Charles war zwanzig und vor kurzem aus der Kriegsmarine entlassen worden, weil er mehr als die Hälfte seiner bisherigen Dienstzeit im Gefängnis verbracht hatte. Wegen Insubordination und wildem Urlaub zur Hauptsache. Er machte auf «mauvais garçon» und sah auch so aus. Er hatte ein Gesicht, das wegen der niedrigen Stirn und der starken Backenknochen breiter als hoch erschien, trotzige blaue Augen, eine kurze Nase mit weitaufgerissenen Nasenlöchern und einen breiten frechen Mund, dessen Oberlippe den Cupidobogen in scharfer, ja übertriebener Ausbildung zeigte. Sein Haar war kastanienbraun und seidig, die Statur klein, gedrungen, muskulös, aber gut proportioniert. Auf seiner sehr hellen, glatten Haut trug er eine ganze Reihe von Tätowierungen.

Charles war aus einem kleinen Dorf bei Arras gebürtig. Er war Waise und war von seiner Großmutter großgezogen worden. Als ich ihn kennenlernte, war er mit einem dicken und dummen Mädchen liiert, das vom Land nach Paris gekommen war und einige Zeit als Laufmädchen in einer Apotheke gearbeitet hatte, weshalb sie den Übernamen «La Pharmacienne» trug. Sie hatte sich aber bald für den Strichgang entschieden, und Charles spielte sich als ihr Zuhälter auf, weil dieses Metier in seinen Augen die höchste Stufe in der Hierarchie der «mauvais garçons» darstellte.

Ich tat mich mit Charles zusammen, und wir hausten in einem winzigen Mädchenzimmer an der Rue du Cotentin hinter der Gare Montparnasse. Unser Haushalt war eine nicht abreißende Kette von Dramen, denn Charles, obgleich nun in einigermaßen gesicherten Verhältnissen, gab seine Strichjungen- und Zuhälterexistenz nicht auf und kehrte im Morgengrauen oder überhaupt nicht ins Logis zurück.

Seinen Eskapaden folgten regelmäßig tränenreiche Versöhnungsszenen, bei denen er in Selbstanklagen schwelgte und der Überzeugung Ausdruck gab, daß er mit Sicherheit auf der Guillotine enden werde. Schließlich endete alles damit, daß er sich aufs Bett warf und sang. Er kannte eine Unmenge sentimentaler Lieder, die alle das Los der Armen und Unterdrückten zum Thema hatten und «Les petits oiseaux du pavé» oder ähnlich hießen. Er sang sehr gut, und ich wurde nicht müde, ihm zuzuhören.

Eines Tages hatten wir das Pariser Leben beide satt und beschlossen, das Abenteuer im Roten Meer zu suchen. Cocteau gab uns die Adresse eines «capitaine au long cours» in Marseille mit und außerdem eine Empfehlung an Marie-Laure de Noailles, deren Yacht im Vieux Port vor Anker lag.

Der Kapitän entpuppte sich als Opiumhändler, der uns für den Transport seiner Ware zwischen Marseille und Paris engagieren wollte, und auch mit der Vicomtesse kamen wir nicht ins Geschäft: Sie brauchte ihre Yacht nur zwischen Marseille, Cannes und Nizza, wobei sie selber, aus Furcht vor Seekrankheit, die Reise zu Land machte. Wir beschlossen deshalb, uns auf einem Segelschiff anheuern zu lassen, und verbrachten mehrere Tage im Hafen mit der Suche nach einem solchen. Plötzlich ergriff Charles ein unüberwindliches Heimweh nach Paris und der «Pharmacienne». Es gab eine Abschiedsszene unter Tränen und Küssen, die mehrere Stunden dauerte. Um Mitternacht begleitete ich Charles an den Pariser Zug und war schon um fünf wieder im Hafen. Ich fand auf Anhieb, was ich suchte: eine bretonische Goélette, die Bauholz für Nizza und Korsika lud und mit einem Kapitän, einem Matrosen und einem Schiffsjungen bemannt war. Man war es zufrieden, daß ich mich zu ihnen gesellte, und bereits eine Stunde nach Mittag stachen wir bei gutem Wind in See.

In Nizza vertauschten wir das Holz gegen eine Ladung Zement, mußten jedoch mehrere Tage warten, dann nahmen wir Kurs auf Bastia. Ich half noch beim Entladen, fuhr dann nach Ile Rousse und von da mit dem Passagierdampfer nach Toulon.

Mein Freund Leopold wohnte damals in einem winzigen Häuschen bei Sanary. Ich zog zu ihm. Wir waren beide völlig mittellos und lebten von gestohlenen Feldfrüchten.

Eines Tages erhielt ich ein Telegramm, das mich für den selben Abend zum Nachtessen nach Toulon einlud. Ich hatte den Absender an meinem letzten Abend in Paris kennengelernt – einen jungen Maler aus Algier, der möglicherweise Araberblut hatte, denn sein Haar war drahtig und pechschwarz. Ich lieh mir die zwölf Francs für die Autobusfahrt bei dem deutschen Schriftsteller Wilhelm Herzog und fuhr nach Toulon. Mein Gastgeber war zur Stelle, entschuldigte sich jedoch, noch einen dritten Gast geladen zu haben, einen gewissen M. Coquerel, der in Le Mourillon ein kleines Hotel führe. Wir trafen ihn in einem Terrassenrestaurant auf dem Quai Cronstadt. Er war ein Mann in mittleren Jahren, untersetzt, dicklich, hochfahrend und nervös.

Den Grund seiner Nervosität erfuhren wir schon beim Hors d'oeuvre: Sein Sekretär habe ihn heute früh Knall auf Fall verlassen, das Haus sei voller Gäste, und wo finde er von einem Tag auf den andern und mitten in der Saison eine neue Hilfe?

Der Maler, den ich meine prekäre Situation hatte wissen lassen, trat mir auf den Fuß; ich verstand nichts. M. Coquerel jammerte weiter, der Maler gab mir einen zweiten Fußtritt, wieder ohne Erfolg. Schließlich ergriff er selber die Initiative und sagte: «Aber das trifft sich ausgezeichnet, mein Freund Manuel sieht sich gerade nach einer Sekretärstelle um.»

M. Coquerel ging mit Eifer auf das indirekte Angebot ein. Ob ich mich auf amerikanische Buchhaltung verstehe? «Selbstverständlich», log ich, obgleich ich nicht die geringste Vorstellung davon hatte. Dann möge ich mich anderntags im «Prieuré de Lamalgue» vorstellen und könne, falls wir handelseinig würden, gleich mit der Arbeit beginnen.

Der «Prieuré de Lamalgue» lag an der Küstenstraße, die von Toulon nach Osten führt. Es war ein Komplex von sieben oder acht Bungalows, von denen jeder einige Zimmer und Appartements enthielt. Ein einstökkiges Gebäude im Zentrum der Anlage enthielt den Speisesaal, einen Salon, ein Schreibzimmer, die Küche und das Büro. Da kein Raum frei war, hatte man für den Sekretär ein Zimmer in Toulon gemietet.

Wenn ich recht unterrichtet bin, hatte der «Prieuré» im vorigen Jahrhundert einer literarischen Gesellschaft gehört, deren Mitglieder hier die Ferien verbrachten. Später war er von einem aus Indochina zurückgekehrten Marineoffizier erworben und in ein Hotel umgewandelt worden. An diese Zeit erinnerte noch das Personal, das zur Hauptsache aus Tonkin stammte. Auch der gegenwärtige Chef kam aus dem Kolonialdienst; er hatte viele Jahre in den westafrikanischen Besitzungen verbracht und dort auch einen Roman mit dem Titel «Le virus noir» verfaßt.

Seine Vergangenheit spiegelte sich in der Klientel des Hotels. Sie bestand zum größten Teil aus Frauen von Kolonialoffizieren, die aus dem afrikanischen Sommer in das gemäßigte Klima der «Côte» geflohen waren. Das Publikum aus dem französischen Mutterland hingegen hatte einen mehr literarisch-künstlerischen Anstrich. Um diesen herauszuheben, beherbergte man Fossilien aus der Belle Epoque, wie die Witwe von Claude Debussy oder die mit einem rumänischen Fürsten verheiratete Kurtisane Lyane de Pougy gratis.

Meine Arbeit bestand aus der schon erwähnten amerikanischen Buchhaltung, die ich mir spielend aneignete, aus der Korrespondenz mit den Gästen, der Redaktion der Speisekarten, die vom Chef auf italienisch geliefert wurden, dem Verteilen der Post u.s.f. Dazu kam die Organisation der Hochzeitsbankette von Marineoffizieren, die eine Spezialität des Hauses waren und ein- bis zweimal in der Woche auf dem Programm standen. Der Tag begann dann in aller Frühe auf dem Markt in Toulon, wo ich ganze Garben weißer Blumen – Nelken, Tuberosen, Gladiolen – einkaufte. Noch Wochen später, nachdem ich den «Prieuré» verlassen hatte, riefen mir, wenn ich über den Markt ging, die Blumenhändlerinnen von weitem zu: «Viens, mon beau, j'ai de la belle fleur blanche!»

Den Beschluß des Tages bildete dann die Abfassung eines Festberichtes für die lokale Zeitung. Er erforderte die Kenntnis der Relationen zwischen den Dienstgraden der Marine, Armee, Luftwaffe und den zivilen Würden, denn die Gästeliste mußte sich rigoros an die Hierarchie halten.

Es war der Sommer des Yo-yo, der Strandpyjamas, des «amour vache». Die Damenklientel des «Prieuré» rächte sich für die im Kongo oder Tschad ausgestandene Langeweile, indem sie sich mit den verwegensten Matrosen, die sie auf dem Quai Cronstadt auftreiben konnte, liierte. Zuweilen aber hatten die Damen Angst vor der eigenen Courage; dann mußte ich während einer Schäferstunde in Hörweite Wache stehen oder sie auf Autofahrten mit ihren wilden Liebhabern als «body guard» begleiten. Eines Tages erschien dann M.X., Bierbrauer aus Straßburg, im Büro und erzählte mir, wie er heute Nachmittag beim Schwimmen von einem Matrosen todesmutig errettet worden sei. Aus Dankbarkeit möchte er seinen Schutzengel als Gast des «Prieuré» anmelden. Der Korse, der von da an Tisch und Bett mit dem elsässischen Großpapa teilte, hatte alle körperlichen und geistigen Eigenschaften eines Gorillas und ließ die Damen vor Neid ersterben.

Eines Sonntagnachmittags, als alles ausgeflogen war, erschien Charles plötzlich aus Paris. Die «Pharmacienne» hatte ihn betrogen und verlassen. Um seinem Kummer Ausdruck zu geben, hatte er sich um beide Augen und um den Hals tätowieren lassen. Ich bestellte in der Hotelküche ein üppiges Mittagessen und ließ unter dem großen Feigenbaum im hinteren Garten decken. Als wir mitten im Tafeln waren, überraschte uns M. Coquerel und gab mir stante pede die Kündigung.

Ich mietete ein Zimmer im Hôtel Bellevue, das wie das «Négociants» am Quai Cronstadt lag und eine ausgesprochene Hurenherberge und Stundenabsteige war. Als Portier fungierte ein entlaufener Priester, und das Zimmermädchen hatte früher beim Zirkus gearbeitet: Während sie aufräumte, demonstrierte sie uns ihre Künste als Schlangenmensch.

Mein letztes Salär war bald aufgebraucht. Die Honorare der «Neuen Zürcher Zeitung» ließen auf sich warten, wir lebten von Brot und Wasser, und da uns der «Petit Provençal» unerschwinglich war, las ich die vergilbten Zeitungsblätter, mit denen die Schrankfächer des Hotelzimmers ausgeschlagen waren.

Zu aller Misere wurde Charles von einem Zahnreißen befallen, das ihn eine Nacht lang heulen ließ. Ich setzte einen Brief auf, in welchem ich in den gewähltesten Wendungen mitteilte, daß mein Kammerdiener Charles C. einen zahnärztlichen Eingriff benötigte: man möge dies tätigen und mir die Rechnung ins Hotel B. senden, wo ich für einige Zeit abgestiegen sei. Damit sandte ich Charles zum nächsten Zahnarzt, und er wurde behandelt. In der Zwischenzeit kam Geld aus Zürich. Wir aßen uns zum ersten Mal seit langem wieder satt und legten uns – es war sehr heiß in unserem Dachzimmer – pudelnackt auf unsere Betten zur Siesta. Nicht lange darauf klopfte es. Es war der Laufbursche des Zahnarztes, der die Rechnung einkassieren wollte. An seinem Gesicht konnte man ablesen, daß ihn der Gang über die fünf Treppen des lausigen Hotels und der Anblick, den die Mansarde mit Herr und Diener bot, alle Hoffnung hatte fahren lassen. Ich sagte aber nur lässig: «Charles, donnez-moi mon portefeuille!», entnahm diesem zwei Noten und bedeutete dem erstaunten Boten, er möge den Rest für sich behalten...

Der Sommer und unser Geld gingen zu Ende. Da erinnerte ich mich an meinen Aufenthalt als Weinlesehelfer in der Camargue. Ich gab Charles ein Empfehlungsschreiben an den Gutsverwalter in X., er verließ mich in Arles, und ich fuhr allein nach Paris. Dort mietete ich ein Zimmer in einem billigen Hotel nahe der Porte de Versailles. Charles blieb drei oder vier Wochen in X., dann kam auch er nach Paris. Die Touloneser Misere begann von neuem, aber wenige Tage später lernte ich K. v. S. kennen.

KARL VON SCHUMACHER UND DIE GRÜNDUNG DER «WELTWOCHE»

Ich lernte Karl von Schumacher im Oktober 1932 kennen. Er war achtunddreißig Jahre alt, ich dreiundzwanzig.

Dr. Neugaß, ein deutscher Journalist, hatte uns in der Manet-Ausstellung in der Orangerie bekanntgemacht. Beinahe wäre es nicht dazu gekommen, denn da Dr. Neugaß wußte, daß wir beide aus Luzern stammten und für die «Neue Zürcher Zeitung» tätig waren, nahm er als selbstverständlich an, daß wir uns kannten.

Nun hatte ich K.v.S. zwar nie getroffen und auch nie wissentlich eine Zeile von ihm gelesen, doch hatte ihn Eduard Korrodi einmal in einem Zusammenhang erwähnt, der mir insofern in unangenehmer Erinnerung geblieben war, als er mir meinen engeren Landsmann als Muster eines fleißigen und bemühten Journalisten hingestellt hatte. Aus diesem Grunde stellte ich mir K.v.S. nicht nur als vielschreibenden Streber vor, sondern zog auch den Schluß, daß nur Mittellosigkeit ihn zu einer solchen Haltung veranlassen könne. Diese falsche Überzeugung hatte sich mir so tief eingeprägt, daß ich mich auch durch den Augenschein, das heißt durch die Eleganz und die weltmännischen Allüren, keines Besseren belehren ließ: Ich war überzeugt, einen strebsamen, aber armen Schlucker vor mir zu haben.

Nachdem wir uns vor den Bildern der Ausstellung eine Zeitlang unterhalten hatten, traten wir auf die Esplanade der Orangerie hinaus und setzten, an die Balustrade gelehnt und den Blick über die bunten Kastanienbäume der Champs-Elysées schweifen lassend, unser Gespräch fort. Es dämmerte bereits, und K. v. S. machte den Vorschlag, gemeinsam den Apéritif zu nehmen. Das brachte mich in nicht geringe Verlegenheit, denn ich hatte nur ein paar Francs in der Tasche, und da ich annahm, auch für meinen mittellosen Partner aufkommen zu müssen, war ich nicht ganz sicher, ob meine Barschaft ausreichen würde. Ich sagte trotzdem zu und erlebte gleich den zweiten Schreck, denn K. v. S. winkte ein Taxi herbei und gab als Fahrziel den «Boeuf sur le toit» an. In der Annahme, K. v. S. kenne den «Boeuf» nur vom Hörensagen, so daß das Ganze bei der supponierten Mittellosigkeit seinerseits notwendig mit einer Katastrophe enden müßte, ließ ich mich an die Rue Panthièvre fahren.

Wir setzten uns in dem fast leeren Lokal an ein Tischchen, und K. v. S. bestellte eine Flasche Champagner. In einer Art «Après-nous-le-déluge»-Stimmung stürzte ich mich nun in die Konversation, die sich ausschließlich um Prousts «A la recherche du temps perdu» drehte, um Charaktere also, die uns beiden aufs genaueste präsent waren und über die wir uns nun unterhielten, als handle es sich um lauter gemeinsame Bekannte. Wir beschlossen den Abend mit einem Dîner in der «Cigogne d'Alsace» und verabredeten uns für einen der nächsten Abende zum Nachtessen in der Wohnung, die K.v.S. am Boulevard Murat von einem kanadischen Freund zur Verfügung gestellt worden war.

Bei dieser zweiten Begegnung sprach K.v.S. ausführlich von sich selber. Er sagte, daß er mit der «Neuen Zürcher Zeitung» in einem losen Mitarbeiterverhältnis stehe, für sie in bestimmten Abständen größere Reportagen in Übersee oder im Nahen Osten zu einem Pauschalpreis ausführe und daneben Bücher schreibe. Im übrigen langweile ihn das Leben, er freue sich über jeden abgelebten Tag, und sein innigster Wunsch sei es, den Lebensabend gelähmt im Rollstuhl an der Riviera zu verbringen, betreut von einer strengen englischen Nurse, die ihm das Zigarrenrauchen verbiete. Ich war über diese Einstellung zum Dasein nicht wenig erstaunt und ahnte nicht, daß das von ihm herbeigewünschte Ende zwanzig Jahre später sich fast wörtlich erfüllen sollte. Um mich für das Nachtessen zu bedanken, lud ich ihn in meine Behausung an der Rue de la Grange ein, widerrief die Einladung aber sogleich wieder, da mir einfiel, daß ich nicht genug Geschirr und Besteck besaß, um einen Gast zu bewirten. Ich lebte damals mit dem ausgemusterten Matrosen Charles zusammen. Wir bewohnten ein winziges Zimmer in einem obskuren Hotel, machten unsere Küche auf einem Petroleumkocher und befanden uns in einer finanziellen Misere wie nie zuvor: Meine Mitarbeit an der NZZ hatte sich nach dem wilden Sommer 1932 noch nicht wieder eingependelt, und ich war bereits so tief gesunken, daß ich mich um

Heimarbeit wie Adressenschreiben und ähnliches bewarb.

K. v. S. lud daraufhin Charles und mich zum Nachtessen an den Boulevard Murat ein. Da aber Charles, wie ich ihm vorsorglich sagte, im Gesicht und an den Händen tätowiert war, gab er an diesem Abend seinem Personal frei und regalierte uns mit einem kalten Dîner, das zur Hauptsache aus Parmaschinken und Feigen bestand.

Ungefähr zwei Wochen nach unserer ersten Bekanntschaft eröffnete mir K. v. S., daß er für etwa drei Monate nach den Vereinigten Staaten fahren werde, um für die «Neue Zürcher Zeitung» über die amerikanische Wirtschaftskrise und den gewählten, aber noch nicht amtierenden Präsidenten Roosevelt zu berichten. Als ich den Wunsch äußerte, ein ähnliches journalistisches Unternehmen durchzuführen, ermunterte mich K. v. S., dem Ausland-Chef der NZZ eine Marokko-Reportage vorzuschlagen, weil er selber sieben Jahre früher seine Karriere in diesem Lande begonnen hatte. Ich strich also Dr. Walter Weibel (den ich persönlich nicht kannte) die «brennende» Aktualität Marokkos (von der keine Rede sein konnte) heraus und erhielt positiven Bescheid. Wir fuhren Ende Oktober/Anfang November ungefähr gleichzeitig von Paris ab, K. v. S. nach den Staaten und ich nach Marokko.

Anfang Januar 1933 erhielt ich von ihm die Nachricht, daß er über die Südroute nach Europa zurückkehre und daß sein Schiff in Vigo Station mache. Er forderte mich auf, ihn dort zu treffen und den Rest der

Seereise bis Le Havre mit ihm gemeinsam zurückzulegen. Ich fuhr auf dem schnellsten Weg von Süd-Marokko über Tanger, Algesiras und Madrid nach Vigo. Dort fand ich wohl K. v. S., sein Schiff aber war bereits weitergefahren. Wir hielten uns einige Tage in Vigo, Santiago de Compostela und Leon auf, bevor wir über Hendaye nach Paris zurückfuhren.

In Paris und in den Briefen, die zwischen Amerika und Marokko gewechselt wurden, hatten wir uns gesiezt; in Spanien bot mir K.v.S. das Du an. Auch zeigte es sich nun, daß er nach einem Mittel suchte, um mich fester an sich zu binden. Sein erster Vorschlag wurde durch die alarmierenden Nachrichten geweckt, die im Januar 1933 aus Deutschland kamen. Mit sicherem journalistischem Instinkt erkannte K.v.S., daß dieses Land von nun an die erste Stelle in der Aktualität einnehmen werde. Sein Vorschlag, sich hier einzuschalten, war indessen reichlich absurd: Er dachte an eine Darstellung der «Eulenburg»-Affäre. Es war dann auch später nie mehr davon die Rede.

Nach Paris zurückgekehrt, machte sich K. v. S. daran, seine Reportage über die amerikanische Wirtschaftskrise zu einer Broschüre auszuweiten. Ich sollte ihm dabei behilflich sein. Zu diesem Zweck mietete ich ein Zimmer am Square Alboni, von wo aus der Boulevard Murat mit der Untergrundbahn vergleichsweise leicht zu erreichen war. Da Charles, der mich auf meiner Reise nach Marokko bis Marseille begleitet hatte, dort im Gefängnis gelandet war, und da sich infolge der Reise und meiner Übersiedlung auf die Rive droite mein Bekanntenkreis sehr verringert hatte, verbrachte ich nicht nur die der Arbeit gewidmeten Vormittage, sondern fast meine ganze Zeit mit K. v. S., der seinerseits ein ausgesprochen einsiedlerisches Leben führte. Wir lebten einfach, aber nicht schlecht. Zwar kann ich mich nicht erinnern, daß wir nach jenem ersten Abend in der «Cigogne d'Alsace» wieder ein teures Restaurant aufgesucht hätten – höchstens, daß wir im «Café Weber» oder im «Café Royal» einen Club-Sandwich verzehrten. Aber auch bei Félix Potin und in einem durchschnittlichen Lokal wußte K. v. S. so geschickt zu wählen, daß er mir in kulinarischen Dingen eine dauerhafte Basis verschaffte. Auch brachte er mich damals auf den Geschmack der Importzigarren.

Über den Stand seiner finanziellen Lage übte er damals und bis zu seinem Tode höchste Diskretion. Immerhin ließ er zu Beginn unserer Bekanntschaft einmal durchblicken, daß er mit einem täglichen Taschengeld von hundert Francs (was damals nur zwanzig Schweizer Franken entsprach) auszukommen habe. Ob diese Summe der Wirklichkeit entsprach oder ob er sie nur deshalb als so niedrig angab, damit ich meine Ansprüche nicht zu hoch schraubte, sei dahingestellt. Im übrigen waren Befürchtungen dieser Art, falls er sie gehegt haben sollte, unbegründet. Es liegt in meiner Natur, alle Herrlichkeit der Welt in vollen Zügen und auch mit einem gewissen snobistischen Nebenvergnügen zu genießen, mich aber auch mit dem absoluten Minimum zu begnügen, sofern die Verhältnisse es verlangen. Diese Einstellung muß K. v. S. rasch festgestellt haben; sie brachte es auch mit sich, daß auf unser Verhältnis während zwanzig Jahren nie auch nur der Schatten eines Zerwürfnisses in materiellen Dingen fiel. Das war um so wichtiger, als K. v. S., wie jedermann, der in Wohlhabenheit aufgewachsen ist, nichts mehr befürchtete und haßte, als übervorteilt oder ausgenützt zu werden.

Die Arbeit am Amerika-Bericht beschäftigte uns im Februar und März 1933. Als sie sich dem Ende zuneigte, erhielt ich von K. v. S. die Nachricht, daß Lady Eaton, die Arbeitgeberin von Percy Portlock, dem Inhaber des Appartements am Boulevard Murat, beabsichtige, dort Ostern zu verbringen. K. v. S. hatte keine Lust, mit der Dame zusammenzuwohnen. Er verabredete sich deshalb mit seiner Freundin Lucy Rudolph für eine Spanienreise im Wagen; meinerseits beschloß ich, die Ostertage in Toulon zu verbringen. K. v. S. wollte sich mit seiner Zürcher Freundin in Avignon treffen. Es lag auf der Hand, daß wir bis dahin zusammen fuhren. Wir nahmen den Morgenzug an der Gare de Lyon. Es war am 1. April und an einem Donnerstag, an dem die großen Pariser Wochenzeitungen «Candide», «Gringoire», «Je suis partout», «Marianne» usf. erschienen. Wir deckten uns mit dieser Reiselektüre ein, und noch auf dem Bahnsteig sagte K. v. S.: «Wenn man in der Schweiz eine derartige Publikation herausbringen wollte – das nötige Geld ließe sich bestimmt finden.»

In unserem Coupé installiert, setzten wir das Gespräch fort und waren nach einigen Stunden bereits bei

Einzelheiten, wie dem Standort der Redaktion in Zürich, angelangt. Als wir in Avignon ankamen, setzte ich meine Reise nach Toulon nicht wie geplant fort, und K. v. S. telegraphierte an seine Zürcher Freundin, um die Spanienreise abzusagen. Wir besuchten dann noch meinen alten Freund, den Marquis de Baroncelli-Javon, in Saintes-Maries-de-la-Mer und fuhren dann nach Toulon. Jeden Morgen bestiegen wir den alten Raddampfer, der die rings um den Hafen von Toulon gelegenen Dörfer anlief, setzten uns aufs Oberdeck und benützten die einige Stunden dauernde Rundfahrt, um unser Zeitungsprojekt zu besprechen.

Nach einigen Tagen beschlossen wir, K. v. S. solle über Genua nach der Schweiz fahren, um das nötige Geld für die Gründung aufzutreiben. Mir wurde aufgetragen, in Paris Erfahrungen darüber zu sammeln, «wie man eine politisch-literarische Wochenzeitung macht».

Ich blieb ungefähr drei Wochen in Paris. Meine Recherchen beschränkten sich darauf, daß ich Pierre Gaxotte, den Chefredaktor des «Candide» aufsuchte. Von seinen guten Ratschlägen ist mir einer in Erinnerung geblieben: Er empfahl mir, mehrere radfahrende Boten anzustellen, die die Aufgabe hätten, versprochene Manuskripte säumigen Autoren wenn nötig mit Gewalt zu entreißen.

Anfang Mai fuhr ich nach Basel, wo K. v. S. mit Oeri, dem Chefredaktor der «Basler Nachrichten», Kontakt aufgenommen hatte. Die «Basler Nachrichten» hatten vor kurzem eine mit den modernsten Maschinen ausgerüstete Druckerei gebaut, für die es aber wegen der Wirtschaftskrise an Aufträgen mangelte. Oeri und dem Verlags-Chef Sartorius wäre nun ein Druckauftrag wie die von uns geplante Wochenzeitung sehr gelegen gekommen, und sie zählten auf die Zusage des zuständigen Verwaltungsrates. Wir nahmen deshalb die Vorbereitungsarbeiten energisch an die Hand und gingen in der Druckerei der «Nachrichten» ein und aus, als ob alles bereits in Ordnung wäre. Da es auf der Hand lag, daß die «Nachrichten» die Finanzierung der Zeitung nicht allein tragen konnten, sah man sich auch nach andern Geldquellen um. Zu diesem Zweck veranstaltete Theodora von der Mühll, die Schwester Carl Jacob Burckhardts, ein Nachtessen, zu welchem sie K.v.S. und eine Reihe finanzkräftiger Basler einlud. Leider aber schlief K.v.S., der ein Frühaufsteher und Frühzubettgeher war, beim schwarzen Kaffee am Tische ein, und die mutmaßlichen Geldgeber entfernten sich, ohne irgendwelche Verpflichtungen eingegangen zu sein.

Wenige Tage später entschied sich dann der Verwaltungsrat der «Basler Nachrichten» gegen das Projekt. Wir übersiedelten unverrichteter Dinge nach Zürich, fest entschlossen, unser Projekt dort zu verwirklichen. Immerhin hatten wir in Basel den Zeitungstitel «Die Weltwoche» gefunden.

In Zürich hatte K.v.S. von einem früheren Aufenthalt her – über den ich Genaueres nie erfuhr – einige wohlhabende Freunde. Dazu zählten in erster Linie die schon erwähnte Frau Dr. Rudolph-Spinner, der

Großindustrielle Walter Schöller, dessen Schwager Pitt Meyer und Franz Meyer-Stünzi, aber auch der Seidenfabrikant Edwin Schwarzenbach, die Familie Franck und deren Manager Bon und andere. Es zeigte sich jedoch, daß sich die gesamte Zürcher Geldaristokratie wegen der Krise in einer angespannten Lage befand oder sich wenigstens einbildete, es zu sein. Zwar schlugen sie die Begehren von K. v. S. nicht einfach ab, aber ihre Aktienzeichnungen fielen so sparsam aus, daß die nach Wochen erreichte Gesamtsumme bei weitem nicht zur Zeitungsgründung ausreichte. K. v. S. wandte sich dann an seinen Bruder Pierre, der zu jener Zeit als Ölgeologe in Mexiko arbeitete, und an seine Schwester Madeleine de Wolff, deren Mann dem Schweizerischen Bankverein in London vorstand. Auch deren Zusagen hielten sich in bescheidenem Rahmen. Wir versuchten deshalb, eine Druckerei zu finden, die gewillt war, für den Fehlbetrag aufzukommen. Den ganzen Sommer 1933 verbrachten wir mit diesen Bemühungen, die darin bestanden, daß wir zu zweit einen Druckereidirektor aufsuchten, worauf ihm K. v. S. ein bereits auswendig gelerntes Exposé der geplanten Zeitung heruntersagte. Wenn er mit seinen Ausführungen über die großen Linien und die Erfolgsaussichten der Zeitung zu Ende war, gab er das Wort an mich ab. Ich produzierte dann eine sechzehnseitige Maquette der Zeitung in Kleinformat; sie entsprach bis in Einzelheiten hinein dem Aufbau und der graphischen Gestaltung, die die «Weltwoche» in der Folge zeigen sollte.

Der Bescheid des so Angesprochenen war immer derselbe: Er finde das Projekt interessant und wolle es mit seinen Leuten besprechen. Wir könnten in acht oder zehn Tagen mit einem Entscheid rechnen.

Diese Wartezeiten waren eine harte Probe. Wir überstanden sie, so gut wir konnten: mit Baden im See, Flanieren in der Stadt und endlosen Gesprächen, die sich immer um dasselbe Thema – die geplante Zeitung – drehten. Nach Ablauf der uns gesetzten Frist kam dann der Bescheid, daß man sich angesichts der Krise in das doch sehr unsichere Projekt nicht einlassen könne. Wir aber suchten unverdrossen einen neuen Drucker auf, und das Spiel mit Exposé-Vortrag, Wartefrist und Absage wiederholte sich.

Um eine gute Adresse zu haben, war K. v. S. im Hotel Baur au Lac abgestiegen, während ich in einem billigen Italiener-Hotel in Zürich-Außersihl hauste. Der Durchschnittspreis der beiden Unterkünfte entsprach etwa jenem von zwei Zimmern in einem Mittelklasse-Hotel. Wir hatten das schon in Basel so gehalten, als K. v. S. in den «Drei Königen» logierte, ich dagegen in einem christlichen Hospiz.

Ich benütze diese Flaute, um einen Begriff von der äußeren Erscheinung meines Freundes zu geben: K. v. S. war klein, etwa hundertsiebzig Zentimeter groß oder nur wenig darüber. Seine Körperbeschaffenheit kann man am ehesten als feist bezeichnen; denn wenn er auch deutlich Übergewicht hatte, so fehlte seiner Konstitution doch alles Aufgedunsene, Schwammige. Seine Gliedmaßen waren vielmehr muskulös und straff, und seine körperliche Ausdauer, besonders beim Laufen und Schwimmen, war erstaunlich. Seine aristokratische Abkunft verriet sich am deutlichsten in der feinen und zarten Ausbildung der Hände und Handgelenke, der Füße und Knöchel. Der ganze Körperbau hatte, dem Embonpoint zum Trotz, etwas völlig Harmonisches, was noch unterstrichen wurde durch die impekable Eleganz, mit der er sich kleidete. In der Stadt oder auf dem Lande war er immer genau den Umständen entsprechend angezogen und bewies in der Wahl der Stoffe und Farben einen unfehlbaren Geschmack.

Sein Kopf war pflaumenförmig, welcher Eindruck von den babyartig gedunsenen Wangen herrührte. Die Augen waren hellblau und klein, der Blick unstet, die Begegnung mit demjenigen des Partners meidend, in Zuständen der Erregung und des Unwillens auf die Zimmerdecke fixiert. Die Nase war weder groß noch klein, spielte aber in der Physiognomie eine geringe Rolle. Umso ausdrucksvoller war der Mund, der sehr klein war und sehr volle, etwas aufgeworfene Lippen hatte, denen fast stets ein schmollender Zug eigen war. Im ganzen gesehen hatte sein Gesicht nichts Anziehendes, doch hatte es etwas unverkennbar Apartes und übte gerade durch die darin zum Ausdruck kommende Unsicherheit und Scheu einen starken Reiz aus. K.v.S. war ein Mann von untadeligen Manieren und einer vollendeten Lebensart.

Seine gute Kinderstube zeigte sich vor allem darin, daß er zwar jedem andern gegenüber auf Distanz hielt, sich aber, ohne sich das geringste zu vergeben, auch auf ihn einzustellen wußte. Als er von seiner Amerika-Reise zurückkehrte, erwähnte er als einen seiner stärksten Eindrücke die Begegnung mit F.D. Roosevelt, von dem er sagte, jeder, der sein Arbeitszimmer verlasse, habe den Eindruck, etwas Wesentliches erreicht zu haben. Ich glaube, daß auch die Besucher von K.v.S. diesen Eindruck empfangen haben, und das auch dann, wenn der materielle Erfolg des Besuches gleich Null war.

Seine Lebenskunst bestand in erster Linie darin, daß er in allen Dingen Maß hielt. Geiz und Verschwendung waren ihm im gleichen Maße zuwider. Wenn wir über Land gingen oder aus irgendeinem Grunde in der Stadt essen mußten, gab er sich mit dem Einfachsten zufrieden; kam ihn aber die Lust auf irgendeinen Lekkerbissen an, so bestellte er ihn mit derselben Selbstverständlichkeit.

Als Gastgeber erwies er sich von souveräner Großzügigkeit. Er verfügte immer über ausgezeichnete Köchinnen und Köche, die sich seinem Geschmack mit soviel Einfühlungsgabe anzupassen wußten, daß der Hausherr sich mit der Speisenwahl und -folge entweder gar nicht oder dann nur mit ein paar knappen Worten befassen mußte.

Im ganzen gesehen lebte K.v.S. gut, aber mäßig. Erst gegen Ende seines Lebens, als seine Unrast immer beängstigendere Formen annahm, meldete sich bei ihm am Tagesende ein heftiges Bedürfnis nach starken Cocktails oder Whisky. Er war ein leidenschaftlicher

Havanna-Liebhaber, begnügte sich aber mit einer Zigarre nach jedem Essen; nur wenn er erregt war, griff er zu einer Zigarette. Als die «Weltwoche» im zweiten Jahr ihres Bestehens tief in den roten Zahlen war, machten wir eine Wallfahrt nach Einsiedeln und gelobten – auf seinen Vorschlag hin –, solange keine Importzigarren zu rauchen, bis die Zeitung sich selber zu tragen vermöchte. Wir haben dann tatsächlich anderthalb Jahre lang nur noch Brissago, Toskani, Stumpen und solches Zeug geraucht.

Wie viele im Wohlstand aufgewachsene oder reiche Menschen lebte er in der ständigen Furcht, ausgenützt zu werden. Nichts irritierte ihn mehr, als wenn sein Gast auf der Speisekarte seine Wünsche nach den Preisen richtete. Und das auch dann, wenn man statt des Teuersten aus gespielter Bescheidenheit das Billigste aussuchte. Man hatte das und soviel zu essen, als man Lust hatte; wenn man sich an diese Regel hielt, war jeder Mißton ausgeschlossen.

Nun gab es aber Leute, die diese Eigenheit reizte, gegen den Stachel zu löcken, so vor allem Schumachers Freund George Popoff. Popoff war Russe, Sohn eines litauischen Polizeipräsidenten, in Bernau aufgewachsen. Er gab vor, mütterlicherseits von der fürstlichen Familie der Béboutoff abzustammen, welchen Namen er denn auch dem vulgären Popoff angehängt hatte.

Er war auf ein Jahr genau gleich alt wie K. v. S. und wohnte, als er diesen Anfang der dreißiger Jahre kennengelernt hatte, als Zeitungskorrespondent in London. K. v. S. hatte eine hohe Meinung von Popoffs journalistischen Kenntnissen und Erfahrungen, was sich hauptsächlich daraus erklärte, daß seine eigenen eher als bescheiden bezeichnet werden mußten.

Popoff hatte vom Glanz des Zarenreichs gerade noch etwas Weniges mitbekommen und es fertiggebracht, teils durch natürlichen Charme, teils durch eine Dosis Hochstapelei, Zugang zur großen Welt Londons zu finden. Da seine Einkünfte in keinem Verhältnis zu seinen Ambitionen standen, hatte er gewisse parasitäre Eigenschaften ausgebildet, die indessen K. v. S. nicht a priori mißfielen. Im Gegenteil: K. v. S. liebte es, sich nach Art eines römischen Großen mit Leuten zu umgeben, die finanziell von ihm abhängig waren. Vorbedingung war allerdings, daß diese «Klienten» einen gewissen Status hatten und sich an die gesellschaftlichen Regeln hielten. Der Status nun war bei Popoff einigermaßen vorhanden, bei den Manieren aber ging das Parasitäre von Zeit zu Zeit in einem Maße mit ihm durch, daß K. v. S. in regelmäßigen Abständen nahe daran war, Popoff die Freundschaft zu kündigen. Es kam indessen nie so weit, denn im Grunde amüsierte Popoffs Impertinenz K. v. S. ebenso sehr, wie sie ihn ärgerte. Nach jeder Begegnung mit seinem Freund wußte er einen neuen Fauxpas zum besten zu geben. So hatte Popoff in einer römischen Trattoria, die für ihre exzellenten Landweine bekannt war, ausgerechnet Mosel bestellt und statt der verlokkenden einheimischen Vorspeisen sich auf Lachs in Dosen kapriziert. Dieses von beiden Seiten mit einem gewissen Sadismus betriebene Spiel fand dann später in einem Artikel Popoffs seinen Niederschlag, der «Reisen mit einem reichen Mann» betitelt war und den K. v. S. in der «Weltwoche» abdruckte, obgleich jedermann in dem als Geizhals geschilderten Reichen das Modell ohne weiteres erkennen mußte.

Doch nun zurück zum Sommer 1933 und der «Weltwoche»-Gründung: Die Verhandlungen mit Druckern und potentiellen Geldgebern zogen sich so schleppend hin, daß ich, um Fragen nach dem Fortschritt der Zeitungsgründung zu entgehen, es während Wochen vermied, meine Mutter und meinen Bruder in Luzern aufzusuchen. Meine einzige Reise in dieser Zeit galt einem Besuch in Weißenburg im Elsaß; dort war ein Korporal der französischen Kolonialarmee, den ich auf der Überfahrt nach Oran kennengelernt und später in seiner Garnison Tlemcen wiedergesehen hatte, auf Heimaturlaub. In Zürich traf ich oft mit Klaus und Erika Mann zusammen, die im Sommer 1933 häufig hier waren. Durch sie kam ich auch wieder mit Annemarie Schwarzenbach in Kontakt. Ich hatte sie zwei Jahre zuvor kennengelernt, als ich, an ihrer Stelle, einige Kapitel des Führers «Die Schweiz – was nicht im Baedeker steht» geschrieben hatte. K. v. S. nahm an diesem Verkehr nur am Rande und mit betonter Distanz teil. Aber auch seine alten Zürcher Freunde sah er selten – nicht zuletzt deshalb, weil diese mich in keiner Weise akzeptierten. Sie sahen in mir eine Art Gigolo, der K. v. S. zu dem ihnen ungelegenen Zeitungsprojekt verführt hatte.

Zu seinem häufigen Umgang gehörte ein Herr de K., Walliser und ehemaliger Studienkamerad. Wir trafen ihn mehr als einmal die Woche zum Mittagessen im «Orsini». Er war ein lebhafter, jovialer Kumpan, aber seine Gespräche gaben eben nicht viel her.

Im September kamen die Dinge ins Rollen. Die bisherigen Hauptgeldgeber, Walter Schöller und Franz Meyer, waren an der «Volkszeitung» als Gönner beteiligt. Das war ein Blatt, das Zürcher Kapitalisten gegründet hatten, um die Arbeiterschaft von der Schädlichkeit des Marxismus zu überzeugen. Natürlich ohne den geringsten Erfolg. Durch die Krise waren nun die Verluste dieser propagandistischen Totgeburt so groß geworden, daß sich die Geldgeber gezwungen sahen, das Blatt aufzugeben.

Zur «Volkszeitung» gehörte aber auch die Buchdruckerei an der Sihl, eine ehemalige Fahrplandruckerei, die über eine recht leistungsfähige Rotationsmaschine und die dazugehörigen Maschinen- und Handsetzereien verfügte. Um die Existenz dieses Unternehmens zu retten, entschlossen sich die Herren Schöller und Meyer, ihre bereits geleisteten Aktienzeichnungen zu erhöhen; auch beteiligte sich die Druckerei mit zwanzigtausend Franken an der Wochenzeitung. Auf diese Weise kamen einhundertachtzigtausend Franken zusammen. Das Gründungskapital war auf zweihunderttausend Franken veranschlagt gewesen; doch entschieden wir uns, den Start mit der leicht reduzierten Summe zu wagen. Die Gründung fand im

September 1933 statt; die erste Nummer der «Weltwoche» erschien am 3. November des gleichen Jahres.

Die Redaktion der Zeitung bestand anfänglich aus K. v. S., mir, der Emigrantin Ella Behrens, der Sekretärin namens Guggenheim und dem Ausläufer Willy.

Ella Behrens, aus einer jüdischen Nürnberger Familie stammend, hatte in Paris als Korrespondentin für deutsche Zeitungen gelebt. Sowohl K. v. S. wie ich hatten sie durch den schon erwähnten Dr. Fritz Neugaß kennengelernt. Da sie einige Redaktionserfahrung hatte (oder doch zu haben vorgab), hatte sie K. v. S. an die «Weltwoche» verpflichtet. Sie blieb indessen nur einige Monate, machte dann eine Paßheirat und eröffnete eine eigene Presseagentur. An ihre Stelle trat Mabel Zuppinger, die Frau des K. v. S.-Freundes Alphons Zuppinger, die schon seit dem Erscheinen der Zeitung die beiden Frauenseiten zur Hauptsache redigiert und geschrieben hatte.

K. v. S. richtete sich nun in einer Etagenwohnung ein und engagierte eine Haushälterin, während ich ein möbliertes Zimmer in Außersihl mietete. Die Mahlzeiten nahmen wir von da an in der Regel in Schumachers Wohnung ein.

BERICHTE

JENE STEPPE MITTEN IN BERLIN

Fragt den Mann, der nach Jahr und Tag und Bombenkrieg nach Berlin zurückkehrt, nach seinem tiefsten Eindruck, seiner schmerzlichsten Überraschung – er wird kaum je ein bestimmtes, in Trümmern liegendes Gebäude oder Quartier, sondern fast stets jene zwischen dem Brandenburger Tor und Charlottenburg sich dehnende, trostlose Steppenlandschaft nennen, die immer noch den Namen Tiergarten trägt.

Wer sich ein Bild dieses Stückes Berlin machen will, lösche alle Erinnerungen an einst aus dem Gedächtnis und denke an jene Wüsteneien der Neuen Welt, wo Wildnis und Zivilisation eine seltsame Ehe eingegangen sind: links und rechts Sand, Geröll, eine spärliche Grasnarbe und hin und wieder ein toter Baum, ein Tümpel, etwas Röhricht und Gestrüpp, mitten hindurch aber eine schnurgerade Autostraße. Neben der Fahrbahn her läuft, den Eindruck des Halbwilden, Halbkultivierten noch erhöhend, eine endlose Zeile roh zugehauener Telegraphenstangen.

Begrenzt wird dieses Landstück (das so groß ist, daß es bereits als Landschaft angesprochen werden muß) von einer ununterbrochenen Front ausgebrannter, aufgerissener und eingestürzter Häuser. Ihr Anblick ist niederdrückend und reimt sich gut auf das abgeholzte, von Bomben und Granaten um- und umgepflügte Ödland. Manchmal aber, vorzüglich vor dem Einnachten und am frühen Vormittag, wenn die Wintersonne durch den zarten Dunst dringt, gewinnt dieser Ruinenkranz eine seltsame und verzauberte Schönheit. Die Trümmerhäuser erscheinen dann im zartesten Blau, Lila, Ocker und Graurosa, sie sind mit Goldstaub überpudert und von Perlmutterreflexen umspielt und säumen die große Öde wie eine delikate, unendlich kunstvolle Filigranarbeit.

Das wüste Areal des einstigen Tiergartens ist nicht leer. Es ist stellenweise bestanden mit sehr erstaunlichen und auch ergötzlichen Dingen.

Da erhebt sich, gleich rechts, wenn man aus der Triumph-Pforte tritt, das Denkmal zum Ruhme der Roten Armee. Es zeugt für das Unvermögen einer Nation, ihre Macht und Größe künstlerisch zum Ausdruck zu bringen, einen Stil zu finden, der ihrer politischen und militärischen Bedeutung auch nur einigermaßen entspräche. Man bedenke: ein Sechstel der Erde erhob sich gegen den Unterdrücker, ein Riesenvolk stand auf am Don und an der Wolga, in den Tundren Sibiriens und in den Wüsten Turkestans, am Ural und am Kaukasus, an der Ostsee, am Schwarzen Meer und am Stillen Ozean, drang in unerhörten Kämpfen bis an die Spree und die Elbe –, und was zeugt nun für dieses weltverändernde Ereignis? Eine mit Marmorfurnituren verkleidete Pergola, ein von einem mittelmäßigen Architekten entworfenes Monument in jenem Stil, der bei uns um 1925 herum Mode war, ein Bronzesoldat, der aus irgend einer bürgerlichen Kunstakademie hervorgegangen sein könnte, und zwei auf Sockel gestellte und wetterfest gestrichene

Panzerwagen. Vor dem Denkmal brennen Tag und Nacht ein paar Straßenlaternen, und ein Rotarmist steht Wache. Er steht stumm und steif mit aufgepflanztem Bajonett und sieht aus mongolisch schräg gestellten Augen auf die Ebene hinaus, wo einst die brandenburgischen Kurfürsten Hirsche jagten und sich heute ein räudiger Hund zwischen Abhub und Gerümpel trollt.

Am Großen Stern steht immer noch die Siegessäule. Sie ist, wie alles, was an den preußischen Militarismus erinnert, zum Abbruch verurteilt. Und da sie an Sedan, Mars-Latour und andere Waffentaten von Anno Siebzig erinnert, ist sie den Franzosen ein Dorn im Auge. Es geht denn auch das Gerücht, daß das Denkmal abgetragen, nach Frankreich transportiert und in Paris aufgestellt werden solle. Jean Effel, dem ich kürzlich bei einem Gang durch den Tiergarten von dem Projekt erzählte, meinte, das wäre doch gar zu umständlich, und schlug vor, eine Miniatur-Siegessäule herzustellen, welche nach Art des Davis-Cup dem jeweiligen Sieger «bis zum nächsten Male» zuerkannt werde. Inzwischen haben die Franzosen der vergoldeten Victoria auf der Spitze der Säule eine wehende Trikolore in die Hand gegeben. Womit sie viel Ärger und Umstände haben. Denn nach einer stürmischen Nacht hängt das blau-weiß-rote Fahnentuch regelmäßig in Fetzen und muß durch ein neues ersetzt werden.

Die Siegessäule ist kein Kunstwerk von Rang. Unter gewissen Voraussetzungen aber kann sie schön sein. Wenn man durch die milchigen Nebel der Charlottenburger Chaussee hinunterfährt, so ersteht sie unversehens als zarter, hoher Schatten aus dem Dunst, und wenn der Abend klar ist, dann funkelt und gleißt der goldene Engel hoch in den Lüften, während blutrote Lichter am Porphyrsockel spielen.

Roter Soldat und Siegessäule –, zwischen ihnen, dicht am Chausseerand, wartet eine Erscheinung, die weder an die Jahre 1941 bis 1945 noch an 1870/71 erinnert, uns vielmehr zurückwirft um Jahrhunderttausende. Da liegen breit hingelagert auf der ausgeglühten Prärie drei urtümliche Riesentiere: ein Wisent, ein Hirsch und ein Elch. Es ist, als hätten sie eben die Sintflut überstanden, als hätte eine Weltkatastrophe gerade sie aufgespart und als lägen sie nun, da die tödlichen Wasser verrieselt sind, in einer fremden und feindlichen Welt, wo sie nicht ihresgleichen haben. Und diese Umwelt ist denn auch so absurd und gespensterhaft, daß man sich durchaus mit ihrer Anwesenheit abfindet und sich darüber nicht mehr wundert als über die gekenterten Tigerpanzer und Geschütze, die unweit davon zwischen den Disteln und dürren Kerbelstauden rosten. Allerdings: die drei Urtiere sind aus Bronze und mochten früher irgend eine Anlage schmücken; jetzt aber, da alles Menschenwerk höchst fragwürdig geworden ist, sind sie wieder eins geworden mit der Natur.

Die Siégesallee, die «Puppen», wie sie der Volksmund nannte, auch sie gibt es noch. Und wahrhaftig: der Liebhaber skurrilen, leicht makabren Humors kann nichts Ergötzlicheres finden als diese Marmorparade, mit der der Zufall der Geschosse, der Mutwillen der Sieger und die Pietätlosigkeit der Berliner aufs unbedenklichste umgesprungen sind. Friedrich-Wilhelm II. hat den Kopf verloren und hält seine Handschuhe kokett in schmalfingrigen Händen, die sich über einem nicht mehr vorhandenen Stocke kreuzen. Dem Alten Fritz wurden beide Arme abgeschossen, so daß er sich nun ausnimmt wie eine uniformierte Venus von Milo. Der Große Kurfürst hat das Debakel heil überstanden, aber Joachim-Sigismund hat das Gesicht verloren, und von Joachim-Friedrich gar blieb nichts übrig als ein Paar Schuhe. Die Bäume und Büsche, welche einst diese Riesenporzellanfiguren umrahmten, sind ausgerottet mit Stumpf und Stil, und nur ein paar zerzauste Eiben sind übrig geblieben. Dort raschelt eine alte Frau, die mit klammen Fingern schleimige Beeren in eine leere Granathülse sammelt.

Dans le vieux parc solitaire et glacé.

Deux spectres ont évoqé le passé –, an diese Verlaine-Verse mußte ich denken, als ich ein paar Gesprächsfetzen des Liebespaares auffing, das engumschlungen vor mir durch die Tiergartenwildnis ging.

Sie war schmal und aschblond, trug Hosen und eine feldgraue Soldatenmütze und mochte vor kurzem erst als Flüchtling nach Berlin gelangt sein. Er war groß, breitschultrig, keine Zwanzig und hatte ein gutes Kindergesicht. Und nun zeigte er ihr «seine» Stadt. Aber nicht das heutige, wirkliche, sondern das imaginäre Berlin seiner Kinder- und Knabentage. Dort drüben, sagte er, und seine Hand zeigte auf ein Schuttfeld, wo

Benzinkanister und Patronengurten wirr durcheinander lagen –, dort ist der Rosengarten, dort haben wir an schulfreien Nachmittagen gespielt. Und hier (er deutete auf einen fast gänzlich ausgetrockneten Tümpel, über den ein dürrer, von oben nach unten gespaltener Weidenbaum ragte), das ist der Schwanenteich...

Sie bogen vom Wege ab, sie gingen weiter Bosketten, Wasserläufen, kleinen Brücken, Alleen und Standbildern nach, die allesamt vom Erdboden verschwunden sind und nur noch in der Erinnerung eines verliebten Jungen ein gespenstisches Dasein führen. Über den wirklichen, den gänzlich abgeholzten und ausgeräumten Tiergarten aber brach die Winternacht herein, der kalte Ost blies über die kahle Fläche, und durch die Nord-Süd-Achse raste ein Jeep mit zwei britischen Heerespolizisten, die weißes Lederzeug und feuerrote Dienstmützen trugen.

KRIMINELLE JUGEND IN BERLIN

Herr B., der Leiter der Berliner Jugendgerichtshilfe, ist seit bald 30 Jahren in dieser Abteilung tätig. Er hat die Vergehen und Verbrechen Jugendlicher der ersten Nachkriegs- und Inflationsjahre, der großen Krise, der Hitlerzeit und des Zweiten Weltkrieges bearbeitet und gibt ohne weiteres zu, daß die Jugendkriminalität seit dem Kriegsende ein vorher nie gesehenes Ausmaß erreicht hat. Rein statistisch gesehen, beträgt die Zahl der Straffälle heute das Dreifache selbst der Inflationszeit, und was die allgemeine moralische Verwahrlosung, die Entwertung aller Rechtsbegriffe angeht, so fällt der Vergleich noch eindeutiger zu Ungunsten der Gegenwart aus. «Aber», fügt Herr B. bei, «man sollte nicht immer nur von der Verwahrlosung der Jugend, sondern auch einmal von der Verwahrlosung der Eltern sprechen.»

Und tatsächlich: man trifft heutzutage in Deutschland selten einen Menschen, der sich nicht irgendwie gegen Gesetz und Vorschriften vergeht, der, was den Schwarzhandel betrifft, ein ganz reines Gewissen hat. Sogar der Leiter einer Berliner Polizeischule gestand mir ohne Umschweife, daß ihn die Verpflegungsschwierigkeiten seiner Anstalt dazu nötigen, mit Individuen über die Lieferung von Kartoffeln und Gemüse zu verhandeln, die er von Rechts wegen verhaften und dem Gericht überantworten müßte.

Und um diesen alle Gesellschaftsschichten wie ein Krebsgeschwür durchwuchernden Schwarzhandel dreht sich letzten Endes die gesamte Jugendkriminalität. Das trifft selbst in Fällen zu, wo dieses Delikt in den Akten nicht ausdrücklich genannt wird.

Erscheinen da zum Beispiel zwei Sechzehnjährige vor dem Jugendgericht am Alexanderplatz. Der Hauptschuldige hat ein verwahrlostes und obendrein deutlich schwachsinniges Äußeres; sein Helfershelfer ist ein frischer, ansprechender Junge, dem niemand auch nur von ferne etwas Böses zutraute. Die Anklage lautet auf fortgesetzte, gewerbsmäßige Taschendiebstähle in der Höhe von über 4000 Mark. Auch hier handelt es sich, bei näherem Zusehen, um eine typische Schwarzhandelsaffäre. Die beiden Jungen gingen nämlich täglich auf den schwarzen Markt, der damals noch beim Brandenburger Tor abgehalten wurde und auf welchem russische Soldaten als Käufer und Verkäufer die Hauptrolle spielten. Das Paar beobachtete die Händler; wenn nun jemand Geldscheine achtlos in die Rocktasche steckte, so veranlaßten sie ein künstliches Gedränge, und der eine brachte mit einem schnellen Griff die Beute an sich. Für was sie das Geld gebraucht hätten? Brot gekauft. Für 4000 Mark Brot? Ja, ein Brot galt damals 80 Mark, und die Diebstähle zogen sich über mehrere Wochen hin. Ob es den Eltern denn nicht aufgefallen sei, daß die Buben täglich Brot nach Hause brachten? Man habe sie glauben lassen, es sei das Entgelt für irgendwelche, den Russen erwiesene Handreichungen...

Der nächste Fall. Ein Lehrling arbeitet in einer mechanischen Werkstätte. Ein Bekannter (übrigens ein Polizeibeamter!) fragt ihn, ob er nicht «zufällig» eine Bohrmaschine zu verkaufen habe? Der Junge steigt nachts in die Werkstätte ein und holt dort die Bohrmaschine.

Die nächsten: zwei Schlächterlehrlinge vom Zentralviehhof. Sie ließen verschiedentlich Fleisch und einmal sogar 22 Pfund Talg mitlaufen...

Und so geht es weiter. Stundenlang. Und immer sind es dieselben schüchternen, meist ganz harmlos aussehenden Jungen; immer dieselben banalen Geschichten, die sich ausnahmslos um Eßwaren, um Gegenstände des täglichen Gebrauchs und um Zigaretten drehen. Ja, selbst dann, wenn einmal ein großer, ein spektakulärer Fall auftaucht, stößt man, in der Vorgeschichte wenigstens, schon bald wieder auf diese Alltagsdinge.

Da hat ein 15jähriger Gymnasiast eine alte Dame mit 60 Messerstichen auf bestialische Weise umgebracht. Ein Fall, der selbst die abgebrühtesten Gerichtsberichter auf die Beine bringt. Was sie aber im Verlaufe der Verhandlungen zu hören bekommen, erhellt das furchtbare Geheimnis der Tat in keiner Weise, ist wieder die alte, banale Schwarzhandelsgeschichte: Der Junge, ein Lehrerssohn, hatte für Zigaretten und Kinobesuche Schulden gemacht. Sein Gläubiger bedrängt ihn. Er weiß keinen andern Ausweg, als seine Armbanduhr zu verkaufen. Er vertraut sie einem Kameraden an, der sie auf dem schwarzen Markt verschieben soll. Der Kamerad kommt ohne Uhr und Geld zurück; angeblich geriet er in eine Razzia, wo die Uhr konfisziert wurde. Nun verliert der Junge den Kopf und begeht das genannte schaurige Verbrechen.

Aber solche Fälle sind die große Ausnahme, und die tägliche Arbeit der Jugendgerichte besteht in ganz unsensationellen Diebstahls- und Veruntreuungsaffären. Sie vollzieht sich in einer Atmosphäre völliger Monotonie. Die Angeklagten nämlich zeigen weder Angst noch Reue, noch irgend eine andere Gemütsbewegung. Sie antworten einsilbig und machen meist nicht einmal den Versuch, sich zu verteidigen oder zu rechtfertigen. Was sollten sie auch vorbringen? Daß sie ihre Vergehen aus Hunger begingen oder in der Absicht, den Hunger ihrer kleinen Geschwister zu stillen? Das ist so eindeutig und selbstverständlich, daß sie es nicht einmal der Erwähnung wert finden. Im übrigen nehmen sie es mit Stoizismus hin, daß sie für einmal Pech gehabt haben, und wissen es so gut wie Richter und Staatsanwalt, daß sie das Opfer eines Zufallstreffers der Gerechtigkeit sind, daß, wenn alle gefaßt würden, eine Großzahl ihrer Altersgenossen auf der Anklagebank säßen.

Auch das Gericht ist kaum einer Äußerung des Zornes oder der sittlichen Entrüstung fähig. Diese Männer kennen die Verhältnisse zu genau, um sich über diese Dutzendsünder zu wundern oder gar zu empören. Sie flechten zwar hin und wieder eine Phrase ein wie: wenn alle so handelten, wo kämen wir da hin? – Im allgemeinen aber wickeln sich die Geschäfte mit ausgesprochener Farblosigkeit und ohne jeden Zwischenfall ab.

Als Strafen werden Arrest und Gefängnis ausgesprochen. Das Strafmaß ist im allgemeinen gering und richtet sich mehr nach der Person des Täters als nach dem angerichteten Schaden. Vor allem wird darauf geachtet, daß Lehrlinge und Arbeiter nicht aus ihrer Tätigkeit gerissen oder in ihrer beruflichen Entwicklung geschädigt werden. So erhalten denn Jungen, welche sich in einem geregelten Arbeitsverhältnis befinden, ausnahmslos Freizeitarrest oder – in schweren Fällen – bedingt erlassene Strafen. Aber auch die unbedingt ausgesprochenen Strafen haben, wie Richter und Angeklagte genau wissen, fast nur symbolische Bedeutung. Denn die Jugendgefängnisse sind derart überfüllt, daß alle leichteren Strafen auf unbestimmte Zeit verschoben werden müssen.

Das bedenklichste aber ist, daß vorläufig absolut keine Möglichkeit besteht, dieser verwahrlosten und kriminellen Jugend auf irgendeine Art zu helfen. Das Jugendproblem wird zwar in allen Parteien aufs ausgiebigste und oft bis zum Überdruß diskutiert, und fast jeden Tag liest man ausführliche und wohldokumentierte Zeitungsartikel über die erschreckende Vermehrung der Jugendkriminalität. Leider aber hat es mit diesen Feststellungen und Lamentationen sein Bewenden, und die Parteien betätigen sich auch in diesem Bericht lieber mit Stimmungsmache und Wählerfang als mit praktischer Arbeit. Wenigstens hörte ich bis jetzt noch nie davon, daß es eine von ihnen unternommen hätte, dem Erzübel der Jugendverwahrlosung durch die Schaffung von Heimen und Unterkünften zu steuern. Das auf andern Gebieten sonst so aktive und fortschrittliche Berlin scheint hier hinter den Westzonen zurückstehen zu wollen. Denn sowohl im amerikanisch wie im englisch besetzten Gebiet sind deutliche Ansätze einer positiven Jugendarbeit zu verzeichnen.

Wenn man in Berlin aber den Dingen ihren Lauf läßt und sich mit der vagen Hoffnung auf die Besserung der Ernährungslage und damit auf das Verschwinden der durch sie bedingten Vergehen begnügt, so täuscht man sich insofern, als die Jugendkriminalität nicht ausschließlich und wahrscheinlich nicht einmal in erster Linie eine Folge der Not, sondern, wie schon gesagt, eine Folge der allgemeinen Demoralisierung, der durchgehenden Mißachtung der elementarsten Rechtsbegriffe ist. Wäre es anders, dann müßten ja in jenen Kreisen, wo die Not am größten ist, auch die Vergehen der Jugendlichen am häufigsten sein. Das ist aber durchaus nicht der Fall. Unter 700 Straffällen der letzten Zeit entfielen nur 30 auf die Ärmsten der Armen, auf die völlig mittellosen Ostflüchtlinge nämlich, während die Mehrzahl der minderjährigen Rechtsbrecher geordneten und – relativ – gutsituierten Kreisen entstammen.

Es ist auch festzustellen, daß unter der allgemeinen Verwahrlosung selbst die «Verbrechermoral» auffällig gelitten hat. Der bereits zitierte Leiter der Berliner Jugendgerichtshilfe stellt einen völligen Zerfall jenes

«Ehrenkodex» fest, welcher gerade bei den Jugendlichen stets intakt war. Während es nämlich früher zum Schwierigsten gehörte, von einem gefaßten Verbrecher Angaben über seine Helfershelfer und Mitwisser zu erhalten, plaudern heute selbst Angehörige von organisierten Banden alle Geheimnisse bereitwillig aus. Dieses Angebertum zeigt, genau wie der mangelnde Wille zur Selbstverteidigung bei den Verhören, daß sich die jugendlichen Verbrecher in der Regel nicht aus den unternehmungslustigen, abenteuerhungrigen, sondern aus den halt- und energielosen Elementen rekrutieren.

Denn so unheimlich die Jugendkriminalität in den letzten Monaten auch angewachsen ist und so breite Schichten sie erfaßt hat, so wäre es doch falsch und ungerecht, die *gesamte* deutsche Jugend unter diesem Gesichtswinkel zu sehen. Neben den Tausenden von kleinen Kriminellen gibt es Zehntausende, Hunderttausende von Halbwüchsigen, welche sich mit bewunderungswürdiger Zähigkeit und Schlauheit durchs Leben schlagen, ohne sich mit kriminellen Machenschaften einzulassen, gibt es unzählige Jungen, die mit indianerhafter Gewandtheit alle Polizeistreifen und -kontrollen zu umgehen wissen, um ihrer Familie einen Rucksack voll Kartoffeln aus der Werder- oder Stendalergegend zu holen. Man trifft diese Bürschlein auf allen Bahnhöfen und in allen Zügen, und man wundert sich, woher sie die Energie und die Ausdauer nehmen, um immer wieder neue Quellen und Schleichwege aufzustöbern. Und wenn man sich mit ihnen ins Gespräch einläßt, dann erfährt man in der Regel, daß dieser Vierzehn- oder Fünfzehnjährige die einzige Stütze seiner Mutter und eines Rudels unmündiger Geschwister ist. Und man sagt wohl nicht zuviel, wenn man behauptet, daß die Entgleisungen, zu welchen die Not die einen verführt, wieder aufgehoben und gutgemacht werden durch den fast unbegreiflichen Elan, mit welchem der Großteil der Berliner Jugend sich zu behaupten weiß.

DAS ANDERE BERLIN

Seit mehr als einem halben Jahr lebe ich nun in dieser Stadt, und trotzdem, – wenn mir das, was ich gestern mit eigenen Augen gesehen habe, vorgestern in einer amerikanischen Zeitung begegnet wäre, ich hätte es für die Erfindung eines Sensationsreporters gehalten.

Es begann damit, daß ich einen Geschäftsmann kurz nach der Mittagszeit in seiner Privatwohnung aufsuchen mußte. Die Adresse, die er mir genannt hatte, führte mich in eine der zur Hälfte oder mehr zerstörten Querstraßen des untern Kurfürstendamms. Ein mit Karyatiden, Säulchen und Renaissanceornamenten reich verziertes, grauschwarzes Gebäude, durch Artilleriebeschuß leicht beschädigt, ein Aufzug, der nicht funktioniert, ein düsteres Treppenhaus mit pompösen Konsolen und Spiegeln auf jeder Etage, – das typische «hochherrschaftliche» Mietshaus aus den neunziger Jahren. Die Überraschungen begannen, als sich die Flurtür öffnete und man mich in ein ganz mit blauweiß gestreiftem englischem Chintz ausgeschlagenes Entrée bat. Ich legte ab und wurde in den Salon geführt, wo ich einige Minuten auf den Hausherrn zu warten hatte.

Es war einer jener ungewöhnlich hohen Räume, wie sie in älteren Berliner Häusern üblich sind. Die Wände waren weiß gestrichen, den Boden bedeckte ein dicker crèmefarbener Spannteppich, der wiederum mit kostbaren Persern belegt war. Die Türflügel trugen eine Polsterung aus weißem Wildleder, die Beleuchtung war in großen, in die Wand eingelassenen Muscheln versteckt, riesige Polstermöbel standen um einen Kamin aus schwarzem Marmor, in welchem ein großes Feuer prasselte. Auf dem Kaminsims standen chinesische Bronzegefäße und eine Tangfigur. Ein halbes Dutzend kostbare Vasen waren mit frischen Orchideen gefüllt, und auf kleinen Tischen, in welche alte Silberplateaux eingelassen waren, gab es amerikanische Zigaretten in feuervergoldeten Augsburgerbechern. Die Hausbar in der Ecke wies drei Ränge Schnaps- und Likörflaschen auf: dänischer Aquavit, verschiedene Arten Cognac und Whisky, Porto, Sherry, Bols, Grande Chartreuse, – nichts fehlte. Durch ein schmiedeisernes Gitter, das aus einer spanischen Kirche stammen mochte, sah man in einen zweiten, mit englischen Möbeln vom Ende des 18. Jahrhunderts ausgestatteten Raum, der dieselbe an Hollywood erinnernde Eleganz aufwies.–

Der Hausherr trat ein; ich machte ihm ein Kompliment über seine glanzvolle Umgebung und beglückwünschte ihn, seinen Besitz durch Bombenkrieg und Plünderung unangetastet gerettet zu haben.

«Gerettet?» lachte er, «ich habe alles, aber auch alles verloren. Von dem Haus, in welchem ich bis November 1944 wohnte, stehen nur noch die Grundmauern, das wenige, was ich zu Freunden aufs Land in Sicherheit gebracht hatte, wurde im April 1945 von den Russen verschleppt, und was diese Wohnung angeht, so war sie ein SS-Kommando während des Endkampfes um Berlin, das von den Russen mit Hilfe von Flammenwerfern ausgehoben wurde. Als ich hier einzog, war alles kurz und klein geschlagen, und ich fand nichts vor als eine rauchgeschwärzte Höhle mit gähnenden Fensterlöchern.»

Es stellte sich also heraus, daß Herr K. die ganze ihn jetzt umgebende Pracht: Möbel, Teppiche, Kunstgegenstände, Kristall, Silber und so fort im Laufe des letzten Jahres «organisiert» hatte.

Als ich meinem Erstaunen darüber Ausdruck gab, sagte er kurz: «Man kann in Berlin alles haben, man muß sich nur an die richtigen Leute wenden. Übrigens, Sie treffen es gut, Sie werden gleich einen dieser nützlichen Männer, die man gemeinhin Schieber nennt, hier sehen. Er kann Ihnen von der Penicillin-Ampulle bis zum echten Rembrandt alles verschaffen, vorausgesetzt, Sie verfügen über das nötige Kleingeld.»

Und wirklich, es läutete, und herein trat ein kleiner, sehr sorgfältig gekleideter Herr mittleren Alters. Er war sichtlich nervös und verärgert, und als ihm der Hausherr versichert hatte, daß er sich mir gegenüber keiner Zurückhaltung befleißen müsse, teilte er uns den Grund seines Mißvergnügens mit. Es seien in letzter Zeit mehrere Fälle gefälschter Zehnpfund-Noten bekannt geworden, und zwar handle es sich um Fälschungen, die während des Krieges im Auftrage der Naziregierung von ersten Fachleuten und mit den modernsten Mitteln hergestellt wurden. Es sei deshalb fast unmöglich, die Falsifikate von den echten Noten zu unterscheiden. Die Zehnpfund-Noten würden deshalb überhaupt nicht mehr gekauft; jedermann wolle nur noch Einpfund-Noten, welche nach den bisherigen Erfahrungen durchwegs echt seien. Das Unglück wolle es nun aber, daß er ausgerechnet Zehnpfund-Noten in größerer Quantität besitze...

Das Gespräch kam auf fremde Valuten und Devisenkurse. «Ich halte die Schweizer Währung für die beste und sicherste der Welt», meinte der Schieber, «aber sie steht gegenwärtig schlecht. Ein Schweizer Franken gilt heute knapp 45 RM., während der Dollar, der doch in der Schweiz nur Franken 3.– kostet, leicht für 180 RM. an den Mann zu bringen ist. Auch das Pfund, welches offiziell vier Dollar wert ist und somit 720 RM. bringen sollte, wird nur mit 460–480 RM. bezahlt. Die Sache ist nämlich die, daß die Devisen hauptsächlich von Juden, deutschen und polnischen, gekauft werden, welche nach den Staaten auswandern wollen und deshalb nur für Dollars Interesse haben. Das gemünzte Gold hingegen, welches sehr hoch im Preise steht (ein Pfund-Goldstück = 750 RM. und mehr) wandert fast ohne Ausnahme nach Polen...

Unser Gast erwähnte dann die geradezu fabelhaft anmutende Geldvermehrung durch amerikanische Zigaretten. «Wenn ein amerikanischer Soldat zehn Dollar in Noten verkauft, so erhält er dafür 1800 RM. Läßt er sich aber für dieselbe Summe (genau: 9 Dollar und 50 Cents) zehn Stangen (gleich 2000 Stück) Zigaretten durch die Feldpost senden, so löst er dafür auch heute noch mindestens 10–12 000 RM.» Wie denn die «Amis» diese riesigen Mark-Summen anlegten, fragte ich. «Diamanten», war die lakonische Antwort. «Ich hatte kürzlich mit zwei Mitgliedern der Besatzungsarmee zu tun, die mit Zigaretten handelten und von denen der eine für 15 000 Dollar Diamanten, der andere fast das Doppelte nach Hause nahm...»

Als sich der Devisenmann verabschiedet hatte, kamen wir wieder auf Kunstwerke und Antiquitäten zu sprechen, und da mein Gastgeber gerade in jener Gegend zu tun hatte, schlug er mir einen Besuch bei den prominentesten Händlern vor.

Wir fuhren in eine kleine Straße unweit des Wittenbergplatzes und fanden da einen kleinen Trödelladen, in welchem etwas Glas und Porzellan, Nippsachen und dergleichen Bagatellen angeboten wurden. Der Besitzer war gerade dabei, der Freundin eines G.I. einen Granatschmuck zu verkaufen; wir hielten solange Umschau, konnten aber mit dem besten Willen nichts Ungewöhnliches oder auch nur Begehrenswertes entdecken. Als der Soldat seinen Kauf getätigt hatte, wurden wir in ein Hinterzimmer geführt, und nun erwies es sich, daß die wertvollen Stücke den «guten Kunden» vorbehalten waren. Es gab da gutes altes Tafelsilber in Mengen, Kasten, die von oben bis unten mit dem schönsten Meißner- und Nymphenburger Porzellan gefüllt waren, goldene Tabakdosen, französische Miniaturen, alte Münzen und Schmuck, – alles von erster Qualität und mit Verständnis und Geschmack ausgewählt.

Noch größer aber war meine Überraschung, als wir die Straße überquerten und schräg gegenüber einen zweiten Laden aufsuchten. Auch hier wieder dasselbe Bild: vorn ein unauffälliges Ladengeschäft, hinten der Raum für die Intimen. Nur daß hier nicht Allerweltskostbarkeiten zu finden waren, sondern Stücke, die auch bei den ersten Händlern in Paris und London Aufsehen machen müßten. Eine herrliche, aus einem Stück Bergkristall geschnittene chinesische Vase zum Beispiel oder ein lebensgroßer Buddha-Kopf aus dunkelgrüner Jade, die durchsichtig schimmerte wie ein riesiger Smaragd.

Aber das war nur das Vorspiel. Nachdem man uns Schnäpse und Zigaretten angeboten hatte und wir den Nescafé mit goldenen Löffeln umgerührt hatten, bat man uns, drei Treppen hoch in die Privatwohnung des Besitzers zu steigen.

Alles, was ich bis jetzt gesehen, verblaßte im Vergleich mit den hier wie in einer orientalischen Schatzkammer angehäuften Kostbarkeiten.

Auf dem Boden lagen in Bündeln die ausgesuchtesten Teppiche, lauter Sammlerstücke aus dem 17. und 18. Jahrhundert. Die Wände bedeckten französische und flämische Tapisserien, auf einem Mahagonitisch stand ein prachtvolles englisches Teeservice, und darüber sah man, halbkreisförmig auf kleinen Konsolen geordnet, Prunkvasen mit chinesischem Dekor und den Bourbonenlilien, die seinerzeit von der ostindischen Compagnie für den französischen Hof in Auftrag gegeben wurden. Vitrinen bargen Porzellanfiguren aus den Manufakturen der Großen Katharina, zauberhafte venezianische Gläser, Renaissance-Kleinplastiken, silbernes und feuervergoldetes Eßgeschirr aus dem Barock und ziselierte, mit Edelsteinen besetzte Ostereier aus der Zarenzeit. Dazu Schmuck, antike Goldmünzen, geschnittene Steine, – kurz: das Erlesenste und Kostbarste, was vergangene Zeiten hervorgebracht haben. Und als ich nach den Preisen fragte, da nannte man mir wohl astronomisch hohe Zahlen in Reichsmark; rechnete man sie jedoch in Dollars oder gar in Zigaretten um, so wirkten sie unglaublich, ja geradezu lächerlich billig. Ergab es sich doch, daß der erwähnte Jade-Buddha, der jedem Museum zur Zierde gereichte, für 25 Stangen «Camel» oder «Lucky Strike», mit andern Worten für 23 Dollar und 75 Cents feil war! –

Ich hatte Mühe, mich aus dieser irrealen Welt wieder in den Berliner Alltag zurückzufinden, mir nach den Gesprächen mit diesen Händlern, für die tausend Mark ein Pappenstiel sind, zu vergegenwärtigen, daß ein Berliner Arbeiter für 50 oder 60 RM. eine ganze Woche lang sich plagt und daß es alte Frauen gibt, die sich mit 50 RM. Rente einen Monat lang durchhungern. Ein Glück nur, daß sich dieser unwahrscheinliche und unbegreifliche Reichtum schamhaft verbirgt und nach außen überhaupt nicht in Erscheinung tritt; denn wie gesagt, ich brauchte mehr als ein halbes Jahr, bis ich einen ersten Blick auf diese heimlichen Schätze erhaschen konnte.

IM GEISTERZUG DURCH DEUTSCHLAND

Sonst ging es immer so gut – das Reisen von Berlin nach Basel nämlich. Man setzte sich um 18.20 Uhr in den amerikanischen Militärzug, aß, während die Schlafwagenbetten frisch bezogen wurden, im Speisewagen, wurde gegen sieben mit dem Ruf «Breakfast is ready!» geweckt und langte pünktlich um 8.40 Uhr in Frankfurt an. Dort wartete schon der französische Zug nach Baden-Baden, wo man nochmals umstieg, um über Freiburg geradewegs nach Basel zu fahren...

Diesmal aber spürte man gleich, daß alles schief gehen würde. Als ich gegen fünf Uhr abends nach Wannsee kam, standen dort dreimal mehr Passagiere als gewöhnlich in der großen, düstern Betonhalle, die den Amerikanern als Wartesaal dient. Es war bitterkalt draußen, und der kleine Eisenofen vor dem Zeitschriftenstand war bis zur Rotglut geheizt. Drei herkulische Neger von der Military Police wärmten sich daran; ein amerikanischer General stand etwas abseits; ein schwedischer Geschäftsmann unterhielt sich angelegentlich mit einem englischen Major. Des weitern gab es eine Gruppe holländischer Offiziere, ein paar junge Araber in französischen Uniformen, zwei Polen, einen UNRRA-Mann unbestimmter Nationalität, einen dänischen Kriegskorrespondenten, einen Hauptmann der Roten Armee und über hundert amerikanische Offiziere, Soldaten und uniformierte Zivilbeamte beiderlei Geschlechts. In einer Ecke drängten sich jene Deutschen, welche das außerordentliche Privileg besitzen, mit alliierten Militärzügen zu reisen: Politiker, Künstler, Priester und Ordensschwestern. Unter ihnen erkannte man die Kronzeugen des eben zu Ende gegangenen Furtwängler-Denazifizierungsprozesses.

Kurz – das Publikum war zahlreicher und bunter als je, nur die Hauptsache fehlte; der amerikanische Eisenbahnoffizier nämlich, welcher die Travel Orders zu prüfen und die Kabinen und Plätze zu vergeben hat. Man wartete eine Stunde, man wartete zwei Stunden, und schließlich stellte es sich heraus, daß der Zug aus Frankfurt, der früh um acht Uhr hätte eintreffen sollen und der uns nach Westen führen würde, überhaupt noch nicht angelangt war!

Schließlich, mit genau elfstündiger Verspätung, kam er doch angedampft; der Dienstoffizier installierte sich hinter seiner Theke; es gab ein paar kleine Tragödien, weil ein paar deutsche Reisende ihre Papiere nicht bis zum letzten Stempel und Tüpfelchen in Ordnung hatten und daher zurückgewiesen wurden; eine Amerikanerin lamentierte, man habe ihre Handtasche gestohlen, um schließlich zu bemerken, daß sie sie am Arme baumeln hatte, – aber dann verkroch sich alles in die mit bunten Girlanden und Flittergold weihnächtlich aufgeputzten Wagen, und der Zug rollte zwischen vereisten Havelseen westwärts.

Ich teilte das Abteil mit einem amerikanischen Nachrichtenoffizier, der seine finstere Laune in einem Gemisch aus Coca-Cola und Cognac zu ertränken versuchte und im übrigen aus seinem Herzen keine

Mördergrube machte. «Unsere Deutschlandpolitik ist eine Katastrophe», begann er ohne Umschweife, «und zwar vorzüglich darum, weil wir die Deutschen viel zu früh wieder Parteipolitik machen ließen. Man hätte sie hart anpacken und dazu anhalten sollen, ihr Land in gemeinsamer Arbeit wieder aufzubauen. Und was geschieht jetzt? Den Aufbau besorgen wir, die Amerikaner und Briten, mit unsern guten Dollars und Pfunden, und die deutschen Parteipolitiker suchen lediglich ihren persönlichen Vorteil, werfen uns Knüppel zwischen die Räder und schüren die Uneinigkeit zwischen den Alliierten. Sehen Sie doch ihre neuen ‹Führer› an! Dieser Joseph Müller zum Beispiel, der ‹Ochsensepp› wie ihn die Bayern nennen, der den Ehrgeiz hat, der erste Kanzler des Vierten Reiches zu werden! Er reist in ganz Deutschland herum und erzählt rührende Geschichten von Gestapoverhören und Konzentrationslagern, und dabei muß es sich erst noch erweisen, ob er jene Örtlichkeiten als Gegner oder einfach als mißliebiger Konkurrent der Hitlerclique kennen gelernt hat. Daß er ein Erzreaktionär ist, steht jedenfalls fest, und daß ihn General Clay per Sonderflugzeug nach Berlin kommen ließ, war zum mindesten unnötig. Und Kurt Schumacher! Die Engländer haben den Narren an ihm gefressen und ihn in London gefeiert wie ein befreundetes Staatsoberhaupt. Warum? Weil die Labour-Leute ihre Solidarität mit der deutschen Sozialdemokratie demonstrieren wollten. Und dabei macht Schumacher kein Hehl daraus, daß er ein Nationalist reinsten Wassers ist und die englischen

Sympathien lediglich als Mittel zum Zweck gebraucht...»

In diesem Tone ging es weiter, stundenlang. Die mit untauglichen Mitteln begonnenen und wieder fallen gelassenen Umerziehungspläne der Amerikaner, der aussichtslose Versuch der Russen, totalitäre Maßnahmen mit demokratischen Mitteln zu verwirklichen, die viel zu umständlichen Verwaltungsmethoden der Briten, die Quertreibereien der sich benachteiligt fühlenden Franzosen – alles, was gegenwärtig in Deutschland schief geht, brachte mein Kabinenpartner zur Sprache, und als wir lang nach Mitternacht die Bettlampen ausknipsten, hatten wir uns in den schwärzesten Pessimismus hineingeredet, beziehungsweise hineingehört.

Wir erwachten in Kassel. Mit vier Stunden Verspätung laut Fahrplan – das war in Kauf zu nehmen. Überdies gab es nun Frühstück, das berühmte Frühstück des Berliner-Zuges, der sich stolz «one of the finest trains of Europe» nennt. Es war nicht ganz so üppig und ausführlich wie gewohnt, denn in der Eile, mit welcher gestern der Speisewagen verproviantiert wurde, hatte man das eine und andere vergessen. Aber in Marburg kamen wir nicht vom Fleck. Wir lagen eine halbe, eine ganze Stunde auf dem Bahnhof und erfuhren schließlich, daß man ganz einfach vergessen hatte, eine Lokomotive bereitzustellen: Die amerikanischen Fahrgäste nahmen die Stockung mit bewunderungswürdigem Gleichmut hin. Kein Wort der Kritik, des Unmuts wurde laut. Dann aber, nach einer weiteren halben Stunde, fand man, es müsse etwas geschehen, und hielt Kriegsrat. Wie wäre es, wenn man im ganzen Zug Zigaretten sammelte und sie gegen eine Lokomotive eintauschte? Der Vorschlag mag andernorts wie ein schlechter Witz anmuten, – im heutigen Deutschland liegt er durchaus im Bereich des Möglichen. Es kam indessen nicht so weit, weil man sich anstelle des Tauschgeschäftes für das Faustrecht entschloß. Einem einfahrenden deutschen Zivilzug wurde nämlich kurzerhand die Lokomotive ausgespannt. So fuhren wir denn – es begann bereits zu dämmern – mit knurrendem Magen und einem gänzlich ausgeräumten Speisewagen Frankfurt entgegen.

Das Tohuwabohu im Südbahnhof war unbeschreiblich. Es zeigte sich nämlich, daß die Züge aus Hamburg, Bremen, München, Paris und so fort ebenso große und noch größere Verspätungen hatten wie der unsrige. Eine kleine Französin, die aus dem Osten kam und sechs Tage und sechs Nächte ununterbrochen unterwegs war, verlor die Nerven, als sie erfuhr, daß sie erst übermorgen nach Paris weiterfahren könne. Ein gutmütiger Neger nahm das hysterisch schluchzende Ding in den Arm und trocknete die mit Ruß und Rouge vermischten Tränen. Amerikanische Urlauber, französische Offiziere, deutsche Gepäckträger, zierliche Philippinos mit seidenweichem tuscheschwarzem Haar, Militärpolizisten, russische Verbindungsoffiziere mit prachtvollen Pelzmützen, – alles drängte und stieß sich, schrie und gestikulierte. Stapel von Koffern und Segeltuchtaschen versperrten den Weg, ein Postsack platzte, ein getretener Hund jaulte, ein kleiner Amerikanerjunge suchte seine Eltern, – das Chaos war vollkommen...

Im dichtesten Gewühle traf ich einen alten Bekannten, einen holländischen Verleger, der gleich mir nach der Schweiz fahren wollte. Er hatte erfahren, daß irgendwann in der Nacht der internationale Expreß Holland–Basel im Frankfurter Hauptbahnhof vorbeifahre. Also auf zum Hauptbahnhof!

Ein mammuthafter Armeetransportwagen stand draußen. Ja, er wolle auch zum Hauptbahnhof. Der Holländer und ich stiegen als einzige Passagiere ein, mußten aber bald feststellen, daß der Fahrer ortsunkundig war. Wir verfuhren uns drei-, viermal in den Ruinenstraßen, fanden schließlich aber doch die einzige noch intakte Mainbrücke und gelangten glücklich ans Ziel.

Neue Enttäuschung: der Zug Holland–Basel ist für das Armeepersonal gesperrt und wird deshalb vom amerikanischen Bahnhofdienst ignoriert. Da er aber auch von den deutschen Zivilisten nicht benutzt werden darf, können auch die regulären Schalter und Auskunfteien keinen Bescheid geben. Es begann nun eine nervöse Irrfahrt durch das halbzerstörte Bahnhofareal. Ein paar hellerleuchtete Mitropa-Wagenfenster winkten verheißungsvoll. Als wir die Türe öffneten, stießen wir auf eine junge Dame im Pyjama und erfuhren, daß es sich um eine Art Behelfshotel handle. – Vielleicht wußte die Bahnpolizei Rat? Wir tappten durch dunkle Gänge und gelangten in eine Wachstube, wo ein 16jähriges Bürschlein heulend vor einem Polizeimann saß. Der Junge war eben bei einem Bandenüberfall auf einen Güterwagen als einziger geschnappt worden. Wir vergaßen unser Anliegen für eine Weile und versuchten den Polizisten zu einer Art Weihnachtsamnestie zu überreden. Er war einverstanden unter der Bedingung, daß wir ihm eine Pistolenpatrone verschafften. Er habe einen Schreckschuß abgegeben und müsse nun wohl oder übel für die fehlende Kugel eine Erklärung liefern. Über den «Geisterzug» (so hatten wir den Holland-Express inzwischen getauft) wußte er nichts auszusagen.

Schließlich trafen wir auf einen englischen Soldaten, der eine goldene Sphinx am Barett trug und in Gesellschaft eines Mannes in amerikanischer Uniform ebenfalls nach dem geheimnisvollen Zug forschte. Der Amerikaner sprach ein so seltsames Englisch, daß wir ihn nach seiner Herkunft fragten. Er stammte aus Frutigen im Berner Oberland und gehörte zu den dreioder vierhundert Schweizern, die neuerdings von den amerikanischen Okkupationsbehörden beschäftigt werden. Wir warteten nun zu viert auf den Phantomexpreß, und – oh Wunder! – er kam. Und es war tatsächlich ein Geisterzug. Kein Schaffner war zu sehen, keine Fahrkarte wurde kontrolliert, wir installierten uns in prächtigen Erstklaßabteilen, wickelten uns in unsere Mäntel und schliefen ein...

In Baden-Oos stiegen der Holländer und ich aus. Wir hatten beide in der Hauptstadt der französischen Zone Geschäfte zu erledigen und beschlossen, denselben Zug vierundzwanzig Stunden später zur Fahrt nach Basel zu benutzen.

Gesagt, getan. Wir fanden uns fahrplanmäßig, kurz nach Mitternacht, wieder in Baden-Oos ein, um zu erfahren, daß der Zug mit zweieinhalb Stunden Verspätung gemeldet sei. Der Stationsvorstand riet uns, mit einem leerstehenden Eisenbahnwagen als Wartesaal vorlieb zu nehmen.

Der Waggon lag unbeleuchtet und ungeheizt auf dem Nebengeleise, aber als wir die Tür öffneten, rief uns eine Stimme aus dem Dunkel entgegen: «Prenez garde à mon fusil!» Es handelte sich um ein Jagdgewehr, und sein Besitzer, den wir wohl hören, aber nicht sehen konnten, hatte die Absicht, nach St. Anton im Arlberg zu fahren und dort einen Gemsbock zu schießen. Er war, gleich uns, auf diesem toten Geleise gestrandet, um den Holland-Basel-Expreß zu erwarten.

Man kam unbekannter- und unsichtbarerweise ins Gespräch. Die mißliche Lage der Franzosen in Indochina wurde gestreift, und es zeigte sich, daß der Unbekannte in den Urwäldern um Angkor Vat Tiger geschossen hatte. Aber auch die polnischen Forste und den Kaukasus kannte er, die Ukraine und die böhmischen Wälder; und nicht nur auf Wild und Waidwerk verstand er sich, – er sprach, wie er nebenbei bemerkte, auch fließend polnisch und russisch und war mit den Radziwills, den Poniatowskis und mit georgischen Fürsten verwandt und verschwägert. Als wir so eine Weile rätselratend im Stammbaum unseres unsichtbaren Vis-à-vis von Ast zu Ast geklettert waren, erfuhren wir endlich, mit wem wir uns unterhielten. Der Gemsjäger im abgeschobenen Waggon zu Baden-Oos war kein anderer als der Urenkel des Königs von Neapel: Prinz Murat...

Dann donnerte es leise aus der Richtung Karlsruhe, der «Geisterzug» rollte auf den öden Bahnsteig, überschüttete uns mit einem Funkenregen und spie weißen Dampf in dichten Schwaden aus. Wir kannten uns nun aber schon aus, sahen uns gar nicht erst nach einem Schaffner um, sondern bestiegen einen Erstklaßwagen ohne Billet und alle Umstände, machten es uns bequem, und als wir gegen acht Uhr aus tiefem Schlaf erwachten, befanden wir uns bereits im Badischen Bahnhof zu Basel.

VON FÜRST ZU FÜRST – EINE HERBSTLICHE REPORTAGE

Eines schönen Morgens packte ich den Baedeker und den «Gothaischen Hofkalender» ein und beschloß, die deutschen Fürsten zu besuchen. Welch absurde Idee, riefen meine Freunde, die Fürsten spielen im neuen Deutschland keinerlei Rolle, sie sind Überbleibsel, Petrefakten einer versunkenen, gänzlich erledigten Zeit, Kulturkuriosa, weiter nichts!

Wer im neuen Deutschland eine Rolle spielen wird, muß sich erst noch erweisen, antwortete ich, und wenn es sich bei den Thronerben und -anwärtern auch lediglich um merkwürdige Anachronismen handelt, so ist das doch eine Journalistenreise wert. Und fuhr los.

Man weiß, daß die «Königsmacher» in Bayern am tätigsten sind und daß es hier, kurz nach Kriegsende und für ein paar Monate, sogar eine offizielle Königspartei gab. Sie ist inzwischen wieder verboten worden, aber die Monarchisten sind noch da und geben ihre Sache keineswegs verloren. Sie stehen unerschütterlich zum «angestammten Herrscherhaus», nennen den Erbprinzen «unsern gnädigsten Herrn» und sagen schlicht und einfach «der König», wenn vom Ex-Kronprinzen Rupprecht die Rede ist. Das klingt absurd und, unter den gegebenen Umständen, ganz einfach lächerlich. Weniger absurd hingegen ist es, wenn gewisse Vertreter der monarchistischen Idee zu bedenken geben, daß in weiten Kreisen der Bevölkerung das Verlangen nach einem ruhenden Pol, nach einem stabilen Element in der Politik groß sei und daß dieser «archimedische Punkt» unbedingt jenseits der Rivalitäten und Kuhhändel der Parteien gefunden werden müsse. Der Gedanke, daß ein Wittelsbacher diese Rolle spielen könnte, liege um so näher, als die Epoche der bayerischen Könige mit Recht für die «gute alte Zeit» gehalten werde. Und spricht man gar mit dem Mann auf der Straße oder genauer: mit den Bauern auf den Einödhöfen, den Holzfällern im Bergwald, den Flößern an der Isar, so erkennt man bald, daß in Bayern der Restaurationsgedanke keineswegs das Privileg romantischer Adeliger und eigenbrötlerischer Snobs ist.

Nun, das alles besagt nicht eben viel. Die Geschichte lehrt, daß es unendlich viel leichter ist, einen Thron zu stürzen, als ihn wieder aufzurichten; daß oft schon ein kurzer Verzicht auf die Souveränität genügt, um einer Dynastie ihren Nimbus für immer zu rauben; und daß zuweilen – siehe Frankreich nach 1871 – auch eine mehrheitlich promonarchistische Volksstimmung aller Logik zum Trotz noch keine Restauration zustande zu bringen vermag. Ganz abgesehen davon, daß ein mit demokratischen Methoden, ein mit dem Stimmzettel wiederhergestelltes Königtum eine im höchsten Grade fragwürdige Angelegenheit zu sein pflegt...

Nun, wir wollen nicht die Chancen einer Restauration in Bayern untersuchen, wir wollen die Männer sehen, die das «angestammte Herrscherhaus» repräsentieren. Darum auf nach Leutstetten.

Die Wittelsbacher

Leutstetten ist weniger ein «Schloß» als ein geräumiges altes Landhaus. Es liegt eine kleine Wegstunde nördlich des Starnberger Sees inmitten eines Weilers. Auf sanft gegen den See abfallenden Hügelwiesen weiden Rudel schöner, gut gepflegter Vollblutpferde. Sie gehören Prinz Franz, dem Bruder des Kronprinzen, der sie in den letzten Kriegstagen unter mancherlei Abenteuern aus Ungarn hier in Sicherheit brachte.

Als unser Wagen auf dem Kiesplatz vor dem Schlosse stoppt, sehen wir einen Möbelwagen und einen hochgewachsenen alten Herrn, der mit großer Vorsicht Bilder und mittelalterliche Holzplastiken aus dem Fuhrwerk ins Haus trägt. Es ist Rupprecht, vormaliger Kronprinz von Bayern, bayerischer und preußischer Generalfeldmarschall, Großprior des St.-Georg-Ordens, Ritter vom Goldenen Vlies und so weiter. Augenblicklich aber ist er lediglich ein passionierter Kunstsammler, der glücklich ist, seine während Jahrzehnten und in aller Welt erworbenen Schätze wieder um sich zu haben. Unser Gespräch dreht sich denn auch ausschließlich um Dinge der Kunst und des Kunsthandels, und es zeigt sich, daß der Prinz nicht nur Fachkenntnisse und Geschmack, sondern auch bemerkenswerte kaufmännische Gaben besitzt. Die meisten Stücke nämlich sind wirkliche Entdeckungen, die bei kleinen Trödlern zu erstaunlich billigen Preisen erworben wurden.

Nach einer Weile erscheint ein nur mit einer Lederhose bekleideter junger Mensch, der einen soeben gefangenen, heftig zappelnden Hecht in einem Netz trägt. Das Tier – es mag acht oder neun Pfund wiegen – wird in die kronprinzliche Badewanne spediert. Es wird mir nicht ganz klar, ob es sich bei dem glücklichen Fischer um einen jungen Prinzen oder einen Gärtnerburschen handelt. Denn mit Ausnahme des alten Herrn trägt der Leutstettner «Hof», Herren sowohl wie Gesinde, ausnahmslos oberbayerische Tracht.

Nach einer halben Stunde ist meine Audienz beendet, und ich wechsle in den westlichen Flügel des Schlosses hinüber, um dem Erbprinzen Albrecht meine Aufwartung zu machen.

Bekannte, die ihn in früheren Jahren gut kannten, hatten ihn mir als das enfant terrible der Wittelsbacher geschildert, als einen Naturburschen und Rowdy, der die Salons verabscheue, bei den unpassendsten Gelegenheiten einen schrecklichen Knaster anstecke, betont oberbayerisch spreche und sogar fluche und sich am liebsten in Gesellschaft von Holzknechten und Flößern aufhalte. So bin ich denn einigermaßen enttäuscht, an Stelle eines Rauhbeins einen äußerst liebenswürdigen Mann anfangs der Vierzig zu finden, der zwar bäurische Tracht trägt, im übrigen aber eher wie ein Intellektueller wirkt. Entweder hatten meine Gewährsleute maßlos übertrieben, oder der Erbprinz hat sich in den letzten Jahren durchaus gewandelt. Letzteres ist das Wahrscheinlichere; denn er ist inzwischen nicht nur vierfacher Familienvater geworden, sondern saß mit den Seinen auch eine geraume Zeit im Konzentrationslager. Und zwar nicht in einem der sogenannten «Edel-KZ», sondern in einem grauenvollen Todeslager, wo in den letzten Tagen vor der Befreiung die Leichen vor den Fenstern und vor den Augen der Kinder in Haufen lagen.

Der Erbprinz spricht gern und gut über Land- und Forstwirtschaft. Dabei vermeidet er jenen aufreizend-forschen Ton, den ostelbische Krautjunker gern anzuschlagen pflegen, wenn sie von ihren Zuckerrüben und Kartoffeln sprechen; er spricht ganz sachlich und bleibt immer objektiv, so daß ich das Gefühl habe, einem Gelehrten, einem Zoologen, Botaniker oder Agronomen zuzuhören.

Als sich das Gespräch dann der Politik zuwendet, zeigt es sich, daß der Prinz den Gang der Ereignisse mit einem abgründigen Pessimismus verfolgt. Er gibt der europäischen Föderation – die sein politisches Credo ist – nach allem, was sich in den letzten Monaten zutrug, kaum mehr eine Chance und vermag nicht mehr als eine ganz schwache Hoffnung auf eine abendländische Selbstbesinnung in letzter Stunde aufzubringen.

Als ich mich verabschiede, schlägt der Erbprinz einen kleinen superdemokratischen Purzelbaum und tut etwas, was sich wie ein mit umgekehrten Vorzeichen versehenes Gegenstück zu den komischen Unterwürfigkeitsbezeigungen gewisser königstreuer Bürgerlicher ausnimmt. Beim Wagen angekommen, sagt er (offensichtlich im Bestreben, jeden Verdacht von Standesdünkel drastisch zu dementieren): «Ach bitt' schön, wollen Sie mich doch Ihrem Fahrer vorstellen», eine Aufforderung, von der sich der gute Erwin aus Berlin-Friedrichshain immer noch nicht ganz erholt hat!

Die Hohenzollern

Der nächste Besuch sollte dem deutschen Ex-Kronprinzen gelten. Wir fuhren nach Hechingen, einem kleinen, unweit Tübingen am Fuße der Zollernburg gelegenen Städtchen, und vernahmen dort, daß wir den Prinzen im dritten Haus links nach dem Gymnasium finden würden. Das «dritte Haus links» ist ein unscheinbares Einfamilienhäuschen mit einem kleinen Vorgärtchen, und als ich die Klingel drückte, erschien ein Mann in Hemdsärmeln, welcher bedauerte, daß Kaiserliche Hoheit nicht anwesend seien. Kaiserliche Hoheit seien eben zu Verwandten gefahren, und es sei ungewiß, wann man Kaiserliche Hoheit zurückerwarten dürfe. Ob es möglich sei, die Stammburg zu besichtigen? Aber gewiß. Er werde sogleich telephonisch Weisung geben, daß man das äußere Burgtor aufschließe und uns auf's beste empfange.

Die Zóllernburg ragt vieltürmig und silbergrau schimmernd wie ein Märchenschloß in den Septemberhimmel. Auf einer steilen Serpentinenstraße fahren wir unter gewaltigen alten Wipfeln aufwärts. Buntschillernde Häher schwirren aus den Büschen, Eichhörnchen kreuzen den Weg. Am Burgtor steht ein kleiner Junge mit einem riesigen Schlüssel und warnt uns, wir sollten vorsichtig fahren; es gäbe noch sieben weitere Tore, und der Wehrweg sei eng und gewunden. Wir fahren durch einen unterirdischen Gang und um unwahrscheinlich scharfe Kurven und gelangen schließlich zum achten und letzten Tor, über welchem ein kaiserlicher Adler und die Devise «Vom Fels zum Meer» eingemeißelt sind. Die Inschrift mutet wie bittere Ironie an, jetzt, da der Preußenadler nach vielhundertjähriger Eskapade zerzaust und übel zugerichtet vom Meer wieder auf seinen schwäbischen Felsen geflüchtet ist!

Der Pförtner zeigt uns die Burg. Sie wurde in den sechziger Jahren des letzten Jahrhunderts in jenem pseudogotischen Steinbaukastenstil errichtet, der nichts mehr aufzuweisen hat vom Zauber der frühen neogotischen Periode. Der Pförtner beeilt sich zu versichern, es sei kein Plaisir, hier zu wohnen – was beim anschließenden Rundgang durch die Wohnräume der Burg denn auch nur zu augenfällig wird. Es zeigt sich nämlich, daß die aus der Ferne so gewaltig erscheinende Burg nur wenig Nutzraum aufweist. Der größte Teil wird von einer Kaserne eingenommen, in der früher eine Ehrenkompanie (die symbolische Besatzung des Landes Hohenzollern) untergebracht war, und abgesehen von einem Rittersaal, der eng und lang wie ein Pferdestall ist, gibt es nur ein paar kleine, kahle Schlafzimmer mit offenen Feuerstellen. Der einzige Kachelofen des Schlosses ging beim letzten Erdbeben aus den Fugen, und so sei es denn, meint unser Führer, schon an regnerischen Sommertagen hier oben kaum auszuhalten, vom Herbst und Winter nicht zu reden. Nein, der kaiserliche Herr, der nach der Kapitulation viele Monate hier hauste, sei wahrlich nicht zu beneiden, aber die Stammburg sei eben das einzige gewesen, was ihm auf der weiten Welt noch gehörte...

Verglichen mit der Zollernburg wirkt die Umgebung des Fürsten von Hohenzollern-Sigmaringen wie eine Illustration des Sprichwortes «Bleibe im Lande und nähre dich redlich». Während die jüngere Zollernlinie zuerst in Nürnberg und dann in der Mark Brandenburg Karriere machte, nach der Königs- und schließlich nach der Kaiserkrone griff, begnügten sich die Sigmaringer, ein süddeutsches Ländchen mit ganzen 85 000 Seelen zu regieren. Und als sich ihr Miniaturstaat schließlich als Anachronismus erwies, verzichteten sie Anno 1849 sogar freiwillig auf ihre Souveränität. Diese weise Selbstbeschränkung hat sich gelohnt. Denn heute ist die Stellung des Sigmaringers unter allen deutschen Potentaten wohl die am besten fundierte, und seine hochfürstlichen Vettern und Basen sprechen stets mit einem leisen Unterton von Neid über seinen großbäurischen Wohlstand.

Der Fürst von Hohenzollern-Sigmaringen residiert gegenwärtig auf dem Landsitz Krauchenwies, etwa zwei Wegstunden südlich des Städtchens Sigmaringen. Das Schloß selbst ist weder besonders schön noch prächtig, aber es liegt in einer der reizendsten Landschaften Deutschlands. Man muß sich ein hügeliges, üppiges Gelände denken, von Wäldern und Wildgehegen unterbrochen, durch lebende Hecken vielfach aufgeteilt, mit großen alten Bäumen und Baumgruppen bestanden, von Forellenbächen durchzogen – kurz: eine ideale englische Parklandschaft, fruchtbar und lieblich und fernab von jedem Zeugnis des Krieges und der Katastrophe.

Der Fürst ist 56 Jahre alt. Er zeigt das Äußere eines Mannes, der sich ständig im Freien aufhält, gibt sich einfach und jovial wie ein Bauer, ohne den Grandseigneur und ehemaligen Gardeoffizier ganz verbergen zu können. Wir setzen uns auf die große Terrasse vor dem Schloß, von wo der Blick über Wiesen und mächtige Massive alter Rotbuchen, Eschen und Ulmen schweift.

Ob er durch die französische Besatzungsmacht in seinen Rechten irgendwie eingeschränkt werde? Nicht im geringsten. Der kommandierende General borge sich zwar das Sigmaringer Stadtschloß von Zeit zu Zeit zu Repräsentationszwecken aus; im übrigen befleißigten sich die französischen Offiziere einer vollendeten Korrektheit, ja einer ausgesprochenen Courtoisie.

Die Frage der künftigen Selbständigkeit des Landes Hohenzollern und einer möglichen Restauration des Fürstenhauses beantwortet er mit weiser Resignation. «Wenn man unsere Bauern heute über die Frage abstimmen ließe, ob Hohenzollern ein selbständiges Land in einer deutschen Föderation werden oder ob es Württemberg einverleibt werden solle, so fiele die

Entscheidung zweifelsohne zugunsten der ersteren Alternative aus. Aber was wollen Sie? Die großen Entscheidungen liegen nicht bei uns, und die Meinung eines Fürsten steht weder bei den Alliierten noch bei den meisten Deutschen hoch im Kurs. Ich hüte mich daher, meine Ansichten und Meinungen an die große Glocke zu hängen, und hätte Sie auch gar nicht empfangen, wenn Sie mir an Stelle dieser Plauderei ein regelrechtes Interview vorgeschlagen hätten. Der preußische Kronprinz ließ sich in den ersten Nachkriegswochen verschiedentlich zu solchen ‹Erklärungen› herbei. Er hat sich damit nur Ärger und Unannehmlichkeiten auf den Hals geladen...» Damit ist das Gespräch bei den Vettern der ‹jüngeren› Linie, bei den preußischen Hohenzollern, angelangt. Und da geht es denn nicht ohne einen feinen genealogischen Seitenhieb ab. «Ich weiß nicht», meint der Fürst, «wie die Zeitungen dazu kommen, die Söhne und Enkel Wilhelms II. dauernd ‹Prinzen von Hohenzollern› zu nennen. Sie sind Prinzen von Preußen und können, wenn's ihnen beliebt, auf ihre hohenzollernsche Abstammung hinweisen. Aber die Hohenzollern sind wir!»

Die Prinzessinnen auf dem Felsen

Der Fürst von Hohenzollern trug mir Grüße für seine Basen, die Prinzessinnen von Urach, auf, die auf Schloß Lichtenstein bei Pfullingen hausen. So fuhren wir denn wieder nordwärts, bis wir über einem engen

Waldtal die von Wilhelm Hauff besungene Burg auf ihrem Felsen ragen sahen.

Die Urach sind eine Nebenlinie des württembergischen Königshauses, hervorgegangen aus der Ehe des Herzogs Wilhelm (1761–1830) mit der Freiin von Tunderfeldt. (Ein anderer Württemberger, der ebenfalls aus der Reihe heiratete, Herzog Alexander, gründete das Haus Teck, dem die Königinmutter von England, Queen Mary, entsproß.) Schloß Lichtenstein, das mehrfach belagert und verbrannt, aber (wie die Prinzessinnen mit Stolz hervorheben) niemals eingenommen wurde, war zu Beginn des vorigen Jahrhunderts fast gänzlich verfallen und wurde dann als Jagd- und Lustschlößchen wieder aufgebaut. Es ist das reizendste romantische Spielzeug der Welt, mit Zugbrücke, altdeutscher Trinkstube, Feldschlangen und Mörsern, einer Hauskapelle und einem zwei Meter hohen Champagnerglas, das dreieinhalb Flaschen faßt. Im übrigen aber ist das Schloß so unpraktisch (man vergaß beispielsweise, eine Küche einzubauen!), daß es die Prinzessinnen vorziehen, jenseits der Zugbrücke in einem alten Gebäude, auf dem «Festlande» gewissermaßen, zu wohnen.

Die Prinzessinnen, zwei lebhafte junge Damen, besorgen die Führungen durchs Schloß. Dieses Metier, das ihnen nicht an der Wiege gesungen wurde, macht ihnen augenscheinlich viel Spaß, und ich muß sagen, daß mich kein professioneller Kustos je so lehrreich und unterhaltsam geführt hat wie diese königlichen Hoheiten, die zu jedem Bild, zu jedem Möbel und Gerät eine von ihnen selbst oder von ihren Vorfahren erlebte Anekdote zu erzählen wissen.

Wenn man auf einem Felsenriff hoch über Tal und Wald haust, freut man sich über Besuch. Und Besuch haben die beiden Damen, an Sonn- und Feiertagen wenigstens, soviel sie wollen. «An Pfingsten waren es gegen siebentausend», erzählen sie mit Stolz und Genugtuung, «und es waren Vertreter von wohl zwanzig verschiedenen Nationen darunter.» Was denn die Besucher am meisten interessiere? «Oh, das ist ganz verschieden: die Franzosen zum Beispiel fragen stets nach historischen und genealogischen Daten und sind sehr beeindruckt durch die Tatsache, daß unser Haus seit dem Jahre 1444 die Herrschaft Mömpelgard oder Montbéliard im jetzigen Departement Doubs innehatte.» Und die Amerikaner? «Für die haben wir ein altes Bild mit einem Armbrustschützen, der, man kann sich aufstellen, wo man will, immer genau auf den Beschauer zielt. Das zieht immer!»

Als wir auf der höchsten Zinne stehen, frage ich nach den Namen der Ortschaften im Tale. «Ach, das sind (und in dem wegwerfenden Ton, mit dem der Satz ausgesprochen wird, tritt der ganze Stolz einer alten Dynastie zutage), das sind die sogenannten Freien Reichsstädte Pfullingen und Reutlingen. Die waren immer gegen uns, darum sind sie auch so klein geblieben, während unsere Residenzstädte zu Macht und Ansehen gelangten!»

Nach der Schloßbesichtigung spielen wir das «Gotha-Spiel». Das heißt, die Prinzessinnen erzählen von ihrer Verwandtschaft. Ich hätte es nie für möglich gehalten, daß ein einzelner Mensch so viele und so verschiedenartige Verwandte haben könnte. Die Bayern, die Habsburger, die Braganza, die Romanoff (via Leuchtenberg-Beauharnais), die Monaco, die neapolitanischen Bourbonen und so weiter und so fort – lauter Onkel, Tanten, Vettern, Basen. Und was das Erstaunlichste ist: die Prinzessinnen haben dieses ganze kunstvoll geknüpfte Verwandtschaftsnetz, diesen über ganz Europa sich hinziehenden Wald von Stammbäumen durchaus präsent. Man braucht nur einen Namen zu nennen, und wäre es der Sproß der entlegensten Nebenlinie: sofort wird ein, wenn auch sehr komplizierter Verwandtschaftsgrad konstruiert. Es ist ein Sturzbach, ein Katarakt von Namen und Titeln, der auf mich niederprasselt, ein Niagara von Königen und Königinnen, Großfürsten, Prinzen, Erz- und anderen Herzögen. Von den Fürsten, Grafen und Baronen, die hin und wieder ebenfalls der Erwähnung für würdig befunden wurden, ganz zu schweigen.

Noch nie wurden mir Grandeur et Misères der deutschen Fürstenhäuser so deutlich bewußt wie bei diesem Gespräch. Da war beispielsweise vom deutschen Kronprinzen die Rede, der kürzlich vom benachbarten Hechingen zu Besuch erschienen war und beiläufig erwähnte: «Habt Ihr vielleicht eine Nähnadel? Ich habe meine Nadel verloren und bin sehr embarassiert!» Da wurde erzählt, wie ein sächsischer Erbgroßherzog vor kurzem mit einer Militärhose und einem Damenjackett bekleidet nach Westen geflüchtet und ganz unerwartet bei seinen Bekannten aufgetaucht sei. Und endlich wurde ausführlich ein Familientreffen erwähnt, das bei einer bayerischen Prinzessin am Bodensee stattgefunden hatte. «Jeder brachte, was er hatte: Kronprinz Rupprecht ein paar schöne Fische, der Fürst von Hohenzollern ein Stück Wildbret, Prinz X. einen Korb Gemüse und die Fürstin Y. ein Säckchen Mehl. Aber der Herzog von Z., der alles verloren hat, fing ein Schock Krebse und steuerte diese bei. So kam denn letzten Endes doch ein ganz vorzügliches Diner zusammen...»

Die von Hessen und bei Rhein

Wenn ein junger Mann bei der ersten Begegnung mit einer leichten Verbeugung das einzige Wort «Hessen» ausspricht, so braucht es ein paar Sekunden, bis man realisiert hat, daß dieser Ländername eben zugleich auch der Familienname der Großherzöge von Hessen und bei Rhein ist und daß dem noch recht jugendlichen derzeitigen Chef des Hauses (denn um Prinz Ludwig handelte es sich bei der Vorstellung) gar kein anderer zur Verfügung steht.

Der Prinz und seine als Engländerin geborene Gemahlin bewohnen das Schloß Wolfsgarten. Wolfsgarten liegt auf der Lichtung eines großen Kiefernwaldes etwa halbwegs zwischen Darmstadt und Frankfurt a.M. Es ist ein Geviert aus anmutigen Backsteinbauten des 18. Jahrhunderts, in dessen Mitte ein nach englischem Geschmack bepflanzter Garten blüht. Etwa die

Hälfte der Baulichkeiten dienen als Heim einer gemeinnützigen Stiftung. Den Rest bewohnen der Prinz, die Prinzessin, ihre Gäste und die «Hessen-Kids».

Die «Hessen-Kids» sind die unmündigen Kinder jener Hessenprinzen, welche prominente Nazis waren und aus diesem Grunde interniert wurden. Sie leben hier fast wie in einem Kinderheim, essen aus Blechnäpfen an langen Tischen und werden betreut von der selbst kinderlosen Prinzessin.

Die Prinzessin kümmert sich indessen nicht nur um die «Hessen-Kids», sondern um das Wohl und Wehe aller Jugendlichen, mit denen sie in Berührung kommt. Sie hat keinen leichten Stand. Denn halb fühlt sie sich als Engländerin, halb als Deutsche, und die Tatsache, daß sie unter amerikanischer Besatzung lebt, vereinfacht diese zwiespältige Situation natürlich nicht. Aber die junge Frau ist energisch und voll Enthusiasmus. Sie möchte die deutsche Jugend mit englischen und amerikanischen Organisationen in Kontakt bringen, Beziehungen mit Jugendlichen neutraler Länder anknüpfen, Austauschlager und Ferienkurse einrichten, kurz, unser Gespräch dreht sich ausschließlich um die Frage, wie die beängstigende Isolierung der deutschen Jugend durchbrochen werden könnte. Und während sie mit schönem Eifer und einem ganz leichten englischen Akzent ihre Pläne darlegt, lasse ich den Blick im Raume schweifen. Auf dem Tisch steht eine große Schale voll Ostereier aus Kristall, Halbedelsteinen oder aus ziseliertem Gold (ein Geschenk der Zarin Alexandra Feodorowna, einer Tante des Prinzen); an der Wand hängt das Bild eines Jünglings in Jägertracht: ein Vorfahr, von Lukas Cranach gemalt; vor dem Fenster blüht ein großes Beet Herbstblumen, deren Samen die Prinzessin aus einem englischen Garten herübergebracht hatte...

Intermezzo

Kann es verwundern, wenn wir uns nach all diesen Begegnungen mit königlichen und fürstlichen Hoheiten gegen den Snobismus als nicht mehr ganz immun erwiesen? Als wir in der Nähe des Schlosses X vorbeifuhren, meinte ich: «Da wir schon einmal da sind, könnten wir eigentlich dem Grafen Y einen Besuch abstatten.» «Ein Graf», erwiderte mein Fahrer geringschätzig, «lohnt sich das?»

Die Welfen

Zum Beschluß der «Fürstenreise» besuchte ich den Gemahl der einzigen Tochter Wilhelms II., den Herzog von Braunschweig und Lüneburg, der den Titel «Königlicher Prinz von Großbritannien und Irland» trägt.

Als wir der Marienburg ansichtig wurden (auch ein Erzeugnis des späten 19. Jahrhunderts, auch im Ankersteinbaukastenstil), fragten wir einen Passanten, wer denn augenblicklich auf dem Schlosse anwesend sei. Der Mann nannte den Herzog, den Erbprinzen

Ernst August, seinen jüngeren Bruder, der voriges Jahr eine verwitwete Prinzessin von Hessen mit fünf Kindern geheiratet habe. «Ja, und da war noch Rieckchen», fuhr er fort. «Rieckchen (er meinte die Prinzessin Friederike Luise Thyra Viktoria Margarete Sophie Olga Cecilie Isabella Christa, wie sie, laut ‹Gotha›, mit vollem Namen heißt) hatte einige Schwierigkeiten mit dem Fragebogen, weil sie doch beim BDM war.» Und was aus Rieckchen geworden sei? «Ach, seit einigen Monaten ist sie Königin von Griechenland», war die Antwort.

Der Titel «Kgl. Prinz von Großbritannien und Irland», den der Welfenherzog zur Erinnerung an die Zeit trägt, da Hannover und das Vereinigte Königreich von seinen Vorfahren regiert wurden, mag heute, da die Briten sein Land besetzt haben, fast wie Hohn anmuten. Auf der anderen Seite mag dieser Namensschmuck als äußeres Zeichen gelten für die durch keinen engen Nationalismus beschränkte europäische und weltläufige Einstellung eines Mannes, dessen Haus stets der erklärte Gegner des preußischen Imperialismus war.

Der Herzog ist Föderalist. Er ist integraler, ich möchte sagen: extremer Föderalist; denn er begegnet jeder Form von Zentralismus mit dem tiefsten Mißtrauen – selbst wenn es sich lediglich um einen Zwei-Zonen-Zentralismus handelt.

Und mit demselben Mißtrauen bedenkt er alle «großen Männer» – selbst wenn es sich nicht um Diktatoren, sondern um sozialdemokratische Parteiführer handelt. (Daß sich gerade in diesem letzteren Punkte die Ansichten der britischen Labourpolitiker und des unter englischer Besatzung lebenden Prinzen von Großbritannien und Irland diametral entgegenstehen, liegt auf der Hand.)

Nun ist allerdings beizufügen, daß der integrale Föderalismus des Welfenherzogs mit Kirchturmspolitik und engstirnigem Partikularismus wenig zu tun hat. Sein Ideal wäre ein Bund souveräner deutscher Staaten mit einem zum Wohle Gesamteuropas produzierenden Ruhrgebiet.

Die Fürstenreise ist zu Ende. Es blieben ihrer zwar noch viele: die Häuser Baden und Mecklenburg, die Anhalt, die Reuß und Lippe, die Holstein und Oldenburg und die vielen Zweige des Hauses Sachsen. Aber das Bild ist auch in seiner Beschränkung schon bunt und vielgestaltig genug und läßt sich schwer auf einen Nenner bringen.

Viel leichter hingegen ist es, Gegensätze aufzuzeigen und darzulegen, daß auch in den fürstlichen Sphären des heutigen Deutschland reichlich chaotische Zustände herrschen.

Es gibt kaum eine Art zu leben, für die ich bei den ehemals regierenden deutschen Fürsten nicht wenigstens ein Beispiel gefunden hätte. Oft traf ich Glanz und Elend auch eng verschwistert am selben Ort. Auf jenem Schlosse zum Beispiel, wo es als einzigen Gang etwas Bratkartoffeln mit lahmem Salat und als Nachspeise ein wenig Magerquark gab. Dafür aber trugen die Teller Königskronen, die Tischplatte war aus Lapislazuli, und das kärgliche Mahl wurde überragt von einem riesigen Tafelaufsatz aus feuervergoldetem Silber. Andernorts war der Rahmen ländlich schlicht; dafür aber gab es guten englischen Tee, sorgfältig geröstetes Brot und vorzügliche Kirschenmarmelade. Einmal war von einem jungen Prinzen die Rede, der jeden Morgen ein paar Kilometer auf dem Fahrrad zur Arbeit fährt und, alle Abzüge eingerechnet, seine 280 RM. monatlich verdient. Als er aber heiratete, wurden die Schulkinder und die Blechmusikanten aufgeboten, Respektspersonen in Zylinder und Bratenrock hielten lange Reden, kleine Mädchen brachten Blumensträuße, sagten Gedichte auf und knicksten, und die Glokken des ganzen Landes läuteten dazu. (So geschehen im Jahre 1947, jawohl!) Auch wäre zu vermerken, daß einer meiner fürstlichen Gastgeber die angebotene Zigarette «für später» aufhob, während ein anderer freigebig die seinen offerierte, und zwar aus einem Etui, das ein Petersburger Juwelier aus einem einzigen Block Rohgold getrieben hatte...

Auch in der Einstellung zu den Zeitläuften ist kaum eine Übereinstimmung festzustellen. Der eine schimpft wie ein Rohrspatz, weil ihm ein Gut beschlagnahmt wurde; der andere fühlt sich geschmeichelt, weil ihn die Franzosen mit «Monseigneur» anzureden pflegen; ein dritter wiederum kritisiert gewisse Maßnahmen im wirtschaftlichen Sektor mit Sachkenntnis, Objektivität und, wie mir scheint, nicht zu Unrecht.

Soviel über die Gegensätze und Unterschiede. An Gemeinsamem wäre zu nennen: das Über-den-Dingen-und-Parteien-Stehen und eine Welt- und Lebenserfahrung, die in jedem Falle eine heutzutage seltene Urteilsfähigkeit zur Folge hat. Ich müßte lügen, wenn ich in Abrede stellte, daß ich auf meiner Reise sehr viel kluge und richtige Bemerkungen zur Zeit und Welt hörte und sehr viel ernsthaftes Bemühen, den Ereignissen gerecht zu werden, feststellte. Und noch eins: noch niemals wurde mir eine journalistische Aufgabe so leicht gemacht wie diese. Während man heute bei jedem Ministerialrat antichambrieren muß, wenn jeder halbwegs bekannte Schriftsteller oder Maler erst seinen Privatsekretär vorschickt, so empfingen mich die «königlichen Hoheiten» und «hochfürstlichen Durchlauchten» stets unverzüglich und ohne das leiseste Zeremoniell.

THOMAS MANN IN DEUTSCHLAND

Da der Gefeierte, mit Ehrenbürgerbrief und Goethepreis Ausgezeichnete selbst wieder ein Feiernder ist – die Reise gilt nicht nur Deutschland, sondern auch Goethe, seinem höchsten Stern und Genius –, lag die Gefahr nahe, daß sich das Unternehmen ins Hochpathetische versteige. Das liebe Leben mit seinen Ein- und Zwischenfällen aber sorgte dafür, daß sich die zeitlich befristete Heimkehr des verlorenen Sohnes in menschlich-liebenswürdigen, heiter-freundlichen Formen vollzog.

Die Vorgeschichte ist zur Genüge bekannt: die oft an Hysterie grenzende, zwischen maßloser Kritik und ebenso maßloser Verhimmelung schwankende Beschäftigung der Deutschen mit dem Abwesenden, das vier Jahre währende Rätselraten: kommt er, kommt er nicht, wohin soll die Reise führen, wie lange soll sie dauern? Und wer in den letzten Vorreisetagen in der Schweiz dabei war, kann ein Liedlein singen von den Ratschlägen und Unkenrufen wohlmeinender Freunde, die dem Dichter sein erstes Wiedersehen mit der Heimat bald als Triumph- und bald als Höllenfahrt in den grellsten Farben ausmalten.

Nun, die Wirklichkeit war um vieles nüchterner als die überspannten Voraussagen. Der Dichter und seine Gattin reisten mit der Eisenbahn und ohne jede Begleitung von Basel nach Frankfurt, und wenn dort auch die imponierende Gestalt des Oberbürgermeisters Dr.

Kolb zum Empfang bereitstand, so lief das Ganze doch ohne Menschenmenge und Trara ab. Die Stadt stellte ihrem neuen Ehrenbürger das meilenweit von Trümmern und Wiederaufbaulärm entfernte, beim Taunus-Städtchen Kronberg gelegene Gästehaus zur Verfügung, eine hochherrschaftliche Parkvilla, wo rotbraune Eichhörnchen an den weißgestrichenen Zäunen turnen und lediglich eine mächtige schwarz-rot-goldene Flagge von der offiziellen Funktion des Anwesens zeugt.

Nun erschien allerdings im Gefolge des weinroten Opel-Admiral, welcher den Dichter fährt, ein kleiner grauer Wagen, und darin saßen vier Herren, die so unauffällig gekleidet waren und sich so harmlos gaben, daß man sie sogleich als Geheimpolizisten identifizierte. Sie wirkte etwas unheimlich, diese Leibgarde, die überallhin folgte und sich, wo immer man haltmachte, unauffällig unter die Gäste mischte. Der etwas fatale Eindruck dieser zwar wohlgemeinten, aber doch wohl überflüssigen Beschattung verschwand jedoch, als Thomas Mann den Chef der vier an seinen Tisch lud, wo sich der amtliche Schutzengel als umgänglicher und aufschlußreicher Gesellschafter entpuppte.

Es war ein kleiner Hofstaat, der sich nun schnell um Thomas und Katja Mann scharte. Ein recht unzeremonieller Hofstaat allerdings, und das um so mehr, als der eben eingetroffene Sohn Golo, seiner Professorenwürde zum Trotz, in durchaus formloser Gewandung erschien; man hatte ihm tags zuvor in München sein gesamtes Gepäck gestohlen. Dr. Bermann-Fischer, der Exil-Verleger des Dichters, versah mit Takt und Würde das Amt des Hofmarschalls. Ihm fiel es zu, Besucher abzuwimmeln und die Journalisten auf die morgige Pressekonferenz zu vertrösten. Daß ihm das letztere im Falle eines amerikanischen Reporters nicht gelang, spricht weniger gegen seine als für des Amerikaners berufliche Fähigkeiten. Auch einer Verehrerin, die Hitze und lange Reise nicht gescheut und gleich noch zwei blondbezopfte Töchterchen mitgebracht hatte, gelang es, die Sperre zu durchbrechen. Und ein Abgesandter der Vaterstadt Lübeck war da, Archivar seines Zeichens, der es sich zur Aufgabe gemacht hat, jede Zeile von und über Thomas Mann zu sammeln. Er gebrauchte das Wort «Meister» fast in jedem Satz und sparte nicht mit sanft-eindringlichen Vorwürfen, wenn er erfuhr, daß dem Dichter dieser oder jener Entwurf, Brief oder Korrekturbogen im Laufe seines Reiselebens abhanden gekommen war. Schließlich erschien dann noch ein Mann, der im «Doktor Faustus» porträtgetreu und unter der leicht durchschaubaren Maske eines Leihnamens abkonterfeit wurde. Er sprach und gab sich genau so, wie es allen Lesern des Romans längst bekannt ist, und bot so das Schauspiel eines Menschen, der eine literarische Figur mit Geschick kopiert – während es sich in Wirklichkeit doch umgekehrt verhält. Mit einem Wort: die Umgebung war reizend, die Gesellschaft ungezwungen, der große Mann selbst heiter und aufgeräumt und sichtlich erfreut, daß alles schlankerhand ablief.

Würde sich das auch von der Pressekonferenz des kommenden Tages sagen lassen? Die Kassandra-Stimmen wurden wieder laut, die ein Aufflackern des alten, unseligen Streites zwischen der wirklichen und der «innern» Emigration bei dieser Gelegenheit voraussagten und den Dichter eindringlich vor böswilligen und hinterhältigen Anwürfen warnten. Und tatsächlich: unter den Fragen, die dann raketengleich aus einer 150-köpfigen Journalistenschar aufschossen, war mehr als eine, die nicht aus legitimer Neugier geboren war, sondern es ganz offensichtlich darauf abgesehen hatte, den Befragten fest- oder gar hineinzulegen.

Er bestand die Probe vorzüglich. Mit geistreich-schlagfertigem Red-und-Antwortstehen, solange es anging, mit verbindlichem Aufsichberuhenlassen, wo es sich nicht anders machen ließ. Denn daß Thomas Mann keineswegs gewillt ist, sich von außen eine neue Vorkämpfer- und Kreuzritterrolle aufdrängen zu lassen, daß er es sich vorbehält, in den gegenwärtigen Auseinandersetzungen von Fall zu Fall, vor allem aber selbständig und nur nach seinem Gewissen zu entscheiden, das ist unverkennbar und verbietet ihm, unter gewissen Umständen auf den groben Pflock einer Frage den ebenso groben Keil einer eindeutigen Antwort zu setzen.

Der Nachmittag brachte Zwischenspiele harmlos erheiternder und auch bedenklicher Art. Als die Ankunft der Weimarer «Gesandtschaft» gemeldet wurde und der Dichter sie in einem Nebenraum empfing, um die Formalitäten der Reise hinter den «Vorhang» zu besprechen, legte sich ein Unbehagen auf die versammelten Freunde. Es wurde noch verstärkt, als gleich darauf ein Mann aus West-Berlin eintraf, der das Original eines dort verbreiteten «Offenen Briefes» vorlegte, in welchem Thomas Mann beschworen wurde, in Weimar nicht nur auf dem Besuch der Goethestätten, sondern auch des nahe dabei gelegenen und, wie es heißt, mit 12 000 Insassen bevölkerten Konzentrationslagers Buchenwald zu bestehen. Heiter hingegen stimmte es, als derselbe Bote aus der ehemaligen Reichshauptstadt die neueste Ausgabe der dort erscheinenden sowjetamtlichen «Täglichen Rundschau» aus der Tasche zog, auf deren Titelseite die Brüder Heinrich und Thomas Mann im Zusammenhang mit dem Goethejahr erwähnt und abgebildet waren. Die Redaktion schien aber keine Photographie von Thomas Mann zur Hand gehabt zu haben, und so veröffentlichte sie einfach zwei Bilder von Heinrich Mann. Da der Verfasser des «Untertan» auf dem einen jedoch mit, auf dem andern aber ohne Bart zu sehen war, so ergab sich schließlich doch eine gewisse Verschiedenheit...

Die Feier in der Paulskirche! Was den äußeren Rahmen des Ereignisses angeht, so war er würdig, schlicht und ernst, entbehrte jedoch gewisser komischer Einzelzüge nicht. Oder war ein Lächeln etwa fehl am Platze, wenn, kaum hatte der Redner das Podium bestiegen, eine Schar junger Leute sich auf ihn stürzten, ihn umringten, ja zum Teil sogar kniefällig wurden? Es waren jedoch keine enthusiasmierten Jünger, sondern Pressephotographen, die sich mit so ungestümer Ungeniertheit hervortaten. Sie gaben auch in der Folge keine Ruhe, umschlichen den Redenden vielmehr nach Art der Großwildjäger, richteten den Lauf ihrer Objektive plötzlich aus Laub- und Blumengewinden auf ihn. Ein junger Neger in amerikanischer Uniform gar begnügte sich nicht mit einzelnen Schnappschüssen, sondern feuerte aus seiner Filmkamera gleich ganze Salven auf sein Opfer. Und da er mit dem Filmband anscheinend nicht zu sparen brauchte, schoß er mit der schwenkenden Zielbewegung eines Maschinengewehrschützen hin und wieder auch eine Garbe in die ersten Zuhörerreihen.

Der Redner ließ sich nicht stören. Er dröselte den Knäuel des Mißverständnisses, zu dem sich in all den Jahren sein Verhältnis zu den Deutschen entwickelt hatte, geduldig auf und segelte, als dieses leidige, aber notwendige Geschäft getan war, mit sichtlichem Behagen in die freundlicheren Gewässer seines eigentlichen Themas: Goethe. Seine Stimme erhielt Wärme und Glanz dabei, ja sie wurde lyrisch-beschwingt, als er darlegte, wie der teutonisch dumpfe Klang des Gothennamens durch den flötenhaften Umlaut «ö» ins Musisch-Heitere entrückt wurde, wie so schon der Name des vor 200 Jahren in dieser Stadt Geborenen die Verklärung des Triebhaften, Untergründigen und Unheimlichen zu edelstem Menschentum symbolhaft ausdrücke.

Ja, darum ging es Thomas Mann: Goethe sollte nicht, wie es in letzter Zeit nur zu oft geschah, als der

Vertreter des sogenannten «guten» Deutschland herausgestellt werden, nicht als ein Einseitiger, sondern als ein Allumfassender, der alle Anlagen in sich trug und dem es beispielhaft gelang, die Ungeheuer in sich selbst zu bändigen und ihre Kräfte dem Guten, Wahren, Schönen dienstbar zu machen. Es war ihm ernst damit, er ereiferte sich darüber. Aber es war kein böser, sondern ein heiterer, zuversichtlicher, glücklicher Eifer, das hörte man aus jedem Wort und Satz. Und spürte es selbst dann, wenn man, wie die junge, schöne Amerikanerin neben mir, kein Wort Deutsch konnte. «Ich verstand kein Wort, aber ich glaube, ich habe es richtig erfühlt», sagte sie, als der Redner geendet hatte und wir ins Freie traten. Draußen stand die Menge Kopf an Kopf und klatschte dem Dichter zu. Und an den Säulen klebten die Gassenjungen, die mit glänzenden Augen das Schauspiel verfolgten. Einer schwenkte sogar die Mütze und schrie: «Hurrah!»

DER VIKAR VON NORTHAMPTON

In Northampton fabriziert man Schuhe und Stiefel. Sonst ist von dieser Stadt, die drei Bahnstunden nördlich von London ungefähr auf der Höhe von Coventry liegt, höchstens noch zu melden, daß es dort eine schöne Kirche aus der Normannenzeit und ein säulengeschmücktes Rathaus im nach-cromwellschen Stil gibt.

Seit einiger Zeit fahren die Kunstfreunde nach Northampton. Allerdings lassen sie die Normannenkirche, die gleich beim Bahnhof auf einem Hügel steht, rechts liegen, und auch beim Stadthaus machen sie nicht halt. Sie steuern vielmehr geradewegs der Kirche von S. Matthew im nördlichen, modernen Teil der Stadt zu.

S. Matthew ist ein zwar nicht besonders häßlicher, aber doch recht banaler neugotischer Bau aus den neunziger Jahren des vorigen Jahrhunderts. Vor einem halben Jahrzehnt noch hätte niemand die Kirche eines Blickes, geschweige denn eines Besuchs gewürdigt. Heute jedoch ist sie in den Rang eines Wallfahrtsorts aufgerückt, wird ihr Name in den vornehmsten Kunstzeitschriften aller Länder erwähnt, ist sie recht eigentlich zu einem Programm geworden. Denn sie birgt zwei Hauptwerke der modernen englischen Kunst: die Madonna des Bildhauers Henry Moore und die Kreuzigung des Malers Graham Sutherland. Es mag widersinnig erscheinen, daß diese Statue und dieses Monumentalbild nicht in London oder in einer der großen Kathedralen des Landes stehen –, daß sie in dieses abgelegene, kleine und bescheidene Kirchspiel (es zählt nur 11 000 Seelen, vornehmlich Fabrikarbeiter und Handwerker) verschlagen wurden. Ihre Anwesenheit in Northampton bleibt denn auch unverständlich, bis man den Vikar von S. Matthew, Rev. Walter Hussey, kennengelernt hat.

Hat man auf dem Kontinent einen Begriff von Stellung und Lebensart eines anglikanischen Pfarrers? Es besteht da, im Vergleich mit evangelischen und katholischen Geistlichen diesseits des Kanals, insofern ein wesentlicher Unterschied, als der anglikanische Priester sich weniger an die Konventionen seines Standes denn an die Gegebenheiten seiner privaten sozialen Stellung zu halten pflegt. Mit anderen Worten: er lebt und gibt sich so, wie seine finanziellen Verhältnisse es ihm erlauben. Was im besonderen Falle des Vikars von Northampton bedeutet, daß wir einen vielseitig interessierten, weltläufigen Gentleman in mittleren Jahren vor uns haben, in dessen Erscheinung und Umgangsformen, von der Kleidung abgesehen, nichts typisch Pfarrherrliches zu bemerken ist.

Sein Haus ist mit Geschmack eingerichtet, und an den Wänden hängen Bilder und Zeichnungen, die sich deutlich als die Erwerbungen eines Liebhabers, nicht als die eines Sammlers zu erkennen geben. Eine umfangreiche Bibliothek und verschiedene, auf reges Musikinteresse hindeutende Utensilien beweisen, daß der Hausherr mehr als ein Feld auf dem Schachbrett der Kunst belegt hat.

Nachdem wir es uns bequem gemacht und unsere Pfeifen angezündet hatten, begann der Vikar zu erzählen, wie seine Kirche zu den Künstlern, wie die Künstler zu seiner Kirche gefunden hatten.

Es war, um es gleich vorwegzunehmen, eine recht simple, alltägliche Geschichte – eine Geschichte, die sich an jedem andern Ort genausogut wie in Northampton hätte ereignen können. Doch ist nicht zu verkennen, daß bei dieser Geschichte das Aufsehenerregende gerade in ihrer Alltäglichkeit liegt. Beweist sie doch, daß mit etwas gutem Willen und etwas Liebe zur Sache jenes Einvernehmen zwischen Kunst und Kirche wiederhergestellt werden kann, das wir seit hundert und mehr Jahren endgültig verloren wähnten.

Hören wir nun, was Reverend Hussey berichtet:

Es begann mit einem Zufall. Ein Maler, Vertreter der modernen Schule, hatte während des Blitzkrieges in Northampton Zuflucht gefunden und wurde ein häufiger Gast im Hause des kunstsinnigen Vikars. Eines Tages erhielt der Maler Besuch aus London: Henry Moore, der berühmteste, aber auch meistdiskutierte und -angefochtene Bildhauer Englands. Auch er sprach im Pfarrhaus von S. Matthew vor.

Nun hatte Reverend Hussey allerdings noch nie ein Werk des Bildhauers gesehen. Aber der Mann gefiel ihm. Und als der Pfarrer kurz darauf in Geschäften nach der Kapitale fuhr, versäumte er es nicht, die gerade in der National Gallery ausgestellten Zeichnungen des Bildhauers anzusehen.

Es handelte sich um die «Shelter Drawings», jene Impressionen, die Moore halb aus freien Stücken, halb im Auftrage der Regierung in den Luftschutzkellern und Untergrundbahnhöfen gezeichnet hatte. So kam zu dem menschlichen Interesse, das Hussey an Moore gewonnen hatte, ein künstlerisches.

War es da verwunderlich, wenn der Vikar, als ein Gönner der Kirche von S. Matthew eine Geldsumme zur Ausschmückung der Kirche zur Verfügung stellte, sogleich an Henry Moore dachte? Eine Madonna von Henry Moore! Ein kühner Vorsatz, – vor allem einmal eine Rechnung mit vier Unbekannten: Künstler, Stifter, Kirchenrat und Bischof.

Würde Moore, der sich doch gänzlich den abstrakten Formproblemen verschrieben hatte, einen Auftrag dieser Art überhaupt annehmen? Er nahm ihn mit Freude an und ging ans Skizzieren und Modellieren, bevor die Bestellung noch faßbare Form angenommen hatte.

Auch mit dem Stifter hatte der Vikar leichtes Spiel. Zwar hatte dieser ursprünglich an ein Kirchenfenster gedacht, doch ließ er sich schnell umstimmen, und was die Wahl des Künstlers anging, so überließ er sie ganz dem Kunstverständnis des Geistlichen.

Blieben die beiden letzten Instanzen: Kirchenrat und Bischof. Hier hatte sich Reverend Hussey die Dinge folgendermaßen zurechtgelegt: Er war entschlossen, seinen Plan nur mit der aufrichtigen Zustimmung der Kirchenältesten durchzuführen. Hatte er diese aber erlangt, so sollte ihn nichts hindern, das

Einverständnis des Bischofs mit allen Mitteln und um jeden Preis zu ertrotzen.

Beides gelang, – wenn auch nicht ohne große Schwierigkeiten. Denn wenn es sich der Vikar auch angelegen sein ließ, seinen Kirchenrat durch die Sache selbst, das heißt durch Moores Skizzen und Modelle, zu überzeugen, so zog er doch die biblische Schlangenklugheit insofern zu Hilfe, als er in Augenblicken des Zögerns Gutachten und Briefe des Direktors der National Gallery, des Bischofs von Chichester und anderer angesehener Persönlichkeiten als Mittel sanften Druckes verwendete. – So wurde die Madonna von Henry Moore im Februar 1944 feierlich enthüllt und geweiht. Und nun wartete man auf die Reaktion des Publikums.

Zwar hatte der Vikar seine Pfarrkinder beschworen, nicht vorschnell zu urteilen, sich vielmehr langsam mit dem Werk zu befreunden. Aber der Sturm der Entrüstung, der nun losbrach und die regionale Presse wochenlang mit aufgeregten Polemiken und empörten Zuschriften füllte, spielte sich außerhalb der Kirchgemeinde ab. Kein einziger der flammenden Proteste, keiner der wüsten Schmähbriefe, die zu Hunderten im Pfarrhaus eintrafen, stammte von einem Mitglied des Kirchspiels; sie hatten Freidenker, Katholiken, Ortsfremde – kurz: Leute zu Verfassern, welche die Anwesenheit der Statue in S. Matthew im Grunde nichts anging.

Womit nicht gesagt sei, daß die Pfarrkinder selbst von Anfang an Zustimmung oder gar Begeisterung zeigten. Nach der Schätzung des Vikars verhielten sie sich zu drei Vierteln ablehnend, ein kleiner Teil fand das Standbild «eher schön», und nur ein Zehntel zeigte ehrliche Begeisterung.

Schon nach kurzer Zeit aber verschob sich dieses Bild zugunsten der Statue, und heute nimmt Rev. Hussey an, daß 70 Prozent der Kirchgänger die Madonna mit Liebe und Bewunderung betrachten, während höchstens noch 5 Prozent in der Ablehnung verharren und das restliche Viertel sich gleichgültig verhält.

Diese Wandlung ermutigte den Vikar zu einem zweiten und noch kühneren Schritt. Er schlug der Kirchgemeinde vor, an die der Madonna gegenüberliegende Wand eine Kreuzigung malen zu lassen und diesen Auftrag Graham Sutherland zu übertragen.

Das Unternehmen war kühn – nicht nur deshalb, weil Sutherlands Kunst womöglich noch schwerer zugänglich ist als diejenige von Henry Moore –, es kam noch dazu, daß es sich diesmal nicht um eine Schenkung handelte, sondern daß der Gemeinde zugemutet wurde, das neue Werk aus eigenen Mitteln zu erstehen. Aus freiwilligen Mitteln – um genau zu sein. Denn Rev. Hussey weigerte sich, für dieses Unternehmen in irgendeiner Form zu betteln oder an reiche Gönner heranzutreten – einzig und allein die in einen eigens zu diesem Zweck aufgestellten Opferstock gelegten Spenden sollten es ermöglichen.

Und wieder fügte sich alles zum besten. Die Spenden flossen, penny-weise. Der Kirchenrat, durch den

Maler selbst in langen und diskussionsreichen Sitzungen mit dem Werk vertraut gemacht, ließ sich zum andernmal überzeugen. Und auch der Bischof gab von neuem seine Einwilligung.

Henry Moore und Graham Sutherland – es sollte dabei sein Bewenden nicht haben. Es ging vielmehr wie beim Kirschenessen, wo immer eine Frucht sich in die nächste verhakt und sie nachzieht: dem Bildhauer und dem Maler folgten die Dichter und Komponisten und schließlich der ganze Parnaß. Auf den S. Matthewstag des Jahres 1947 schrieb W. H. Auden, neben T. S. Eliot der hervorragendste Dichter Englands, Liturgie, Gebet und Psalm für Rev. Husseys Kirche. Da lag denn der Gedanke nicht fern, auch den ersten Komponisten des Landes, Benjamin Britten, zu ersuchen, für S. Matthew Kirchenmusik zu schreiben. Und auch Britten sagte mit Freude zu. Ist es da noch verwunderlich, wenn Kirsten Flagstad schon zweimal in der kleinen Kirche von Northampton sang, und wenn sie versprach, bei jeder Europareise wiederzukommen?

Mit einem Wort: S. Matthew wurde zu einem Kunstzentrum ersten Ranges, und die Namen, die sich an diese Kirchgemeinde knüpfen, stehen an Glanz denjenigen einer Haupt- oder Festspielstadt in nichts nach.

Und doch gibt es in Northampton keinen «Kunstbetrieb». Denn alles, was hier an schönen Dingen hervorgebracht wird, ist im strengsten Sinne kirchliche Kunst. Es hat sich den Ansprüchen der Gemeinde unterzuordnen und darf in keinem Falle Selbstzweck werden. Es ist darum nur verständlich, wenn sich Rev. Hussey weigert, die Mooresche Madonna auf Ausstellungen zu schicken. Sie gehört der Kirche, sie wurde eigens für die Kirche geschaffen – wer sie bewundern will, darf den Weg nach Northampton nicht scheuen.

So ist denn das Experiment des Vikars von S. Matthew mehr als nur eine Kuriosität. Es ist eine Lehre und ein Beispiel. Denn die hier gemachten Erfahrungen zeigen, daß die oft beschriebene Entfremdung von Kunst und Kirche, Kunst und Volk, Kunst und Leben keineswegs unüberbrückbar ist und daß es selbst unter den ungünstigsten Umständen möglich ist, eine scheinbar völlig «kunstferne» Gesellschaft aktiv am künstlerischen Schöpfungsprozeß teilhaben zu lassen. Denn es ist doch so, daß die Fabrikarbeiter und Handwerker von Northampton, die sich Schritt für Schritt mit den Ideen und Ansichten ihres Vikars befreundeten, die sich zuerst widerstrebend, dann immer aufgeschlossener mit der Welt eines Moore und Sutherland auseinandersetzten, daß diese biedern Bürger einer englichen Fabrikstadt als Förderer der Kunst ebenso großen Ruhm beanspruchen dürfen wie nur je ein Fürst und Mäzen des Goldenen Zeitalters.

KEW GARDENS, ANFANG MAI

Ein Besuch in Kew Gardens kostet dich, außer dem mehr symbolischen Penny Eintrittsgeld, fast eine Stunde unterirdische Fahrt vom Piccadilly Circus aus. Aber was deiner dort wartet, wiegt Gedränge, Hitze und alle Strapazen reichlich auf.

Zeit allerdings, viel Zeit mußt du daran wenden und darfst ja nicht glauben, diese anmutigste Sehenswürdigkeit Londons mit einem einzigen Besuch abtun zu können. Die Gärten, welche Queen Victoria zum Vergnügen und zur Belehrung ihres Volkes am südlichen Themse-Ufer angelegt hat, sind so weitläufig und vielgestaltig, daß ein Nachmittag nicht genügt, sie abzuschreiten, geschweige denn, ihre Schönheit auszukosten. Und außerdem: Sprießen, Blühen, Verwelken wandeln und verwandeln ihr Gesicht täglich, und jeder neue Besuch bedeutet schmerzliches Vermissen und beglücktes Entdecken in einem.

So wie in gewissen Museen jeweils ein Bild als «Meisterwerk des Monats» an gesondertem Platz der Bewunderung empfohlen wird, weist hier eine Tafel am Eingang auf das botanische Glanzstück des Augenblicks hin. Gegenwärtig ist ein Pfirsichbaum – Prunus persica sanguinea – der Star und der erklärte Liebling des Gartens.

Es ist, als hätte die Natur den Begriff «blühen» an diesem Baum demonstrieren wollen, als ob sie alle Blütenbäume der Erde in diesem einzigen, unvergleichlichen Exemplar zusammengefaßt hätte. Eine gewaltige Krone voll erblühter Zweige ragt in den makellosen Azur. Das Außerordentliche aber ist, daß dieser Blütenüberschwang nicht weiß oder rosarot gefärbt ist, sondern rot. Ein wildes, fast grausames Rot, das an Blut und Flammen erinnert. So hat denn dieser Temperamentausbruch des Frühlings nichts Liebliches und Beseligendes. Der kalte Feuerbrand verschlägt einem den Atem, und man steht benommen, zutiefst erschrocken vor dem Blütenwunder, welches nicht anders auf uns wirkt, als Strawinskys urweltlich-wilder «Sacre du Printemps».

Unweit davon gibt es sanftere Sensationen. Die Tulpen zum Beispiel.

Ich denke dabei weniger an die Flammenteppiche, welche «Scarlet Admiral» und «Brillant Star» über den frischgrünen Rasen gebreitet haben; an die messingglänzenden, mit «King of the Yellows» gefüllten Rabatten; an die Beete, wo sich in der Spielart «Sunburst» süßes Himbeerrot mit sanftem Altrosa mischt. Sie sind prachtvoll, diese hochgezüchteten Prachtsexemplare, gewiß. Aber schöner noch dünken mich die Urformen dieser Kunstprodukte, die etwas abseits in den geschützten Bezirken der wissenschaftlichen Abteilung einzeln blühen.

Es gibt da eine Tulipa saxatilis, in Kreta beheimatet, ein ungemein kostbares und zartes Gebilde, dessen gelbes Blütenblatt nach oben in blasses Lila ausklingt. Und eine Tulipa clusiana, eine ganz kleine Ur-Tulpe, deren Blüte innen reinweiß und außen heftig rot ist.

Die Tulipa pulchellus violacens ist dunkelviolett und hat ein dottergelbes Herz, die Tulipa Eichleri hat ganz spitze, feuerrote Blütenblätter, die Tulipa chrysantha wiederum ist außen rot-orange und innen safrangelb gefärbt. – Vergleicht man diese feingegliederten, bald zart, bald heftig getönten Steppenblumen mit den großen, plumpen, fleischigen Produkten unserer Züchter, so kann man nicht umhin, die letzteren, ihrer prunkenden Schönheit zum Trotz, etwas aufdringlich und gewöhnlich zu finden.

Von der Themse her weht eine frische Brise. Sie streicht durch einen Riesenbusch der Magnolia stellata, deren plattliegende, schmale, sternförmig ausbrechende Blütenblätter auf dem tiefgrünen Laub sich ausnehmen wie die Fangarme von Seeanemonen. Ihr Duft vermischt sich mit dem des Flieders und des spanischen Ginsters, dessen winzige weiße Blüten in einem Boskett nebenan aufgegangen sind. Der kräftige Geruch frischer Erde und das würzige Harzaroma tropischer Nadelbäume mischen sich darein. Man schließt die Augen, atmet tief und findet es fast schade, aus dieser duftenden Frische in den feuchtheißen Brodem der Gewächshäuser hinüberzuwechseln. Wir tun es trotzdem und finden neuen Anlaß zu reinstem Entzücken.

Das erste Glashaus birgt Farne. Einen Urwald aus hochragenden, palmenartig ausbrechenden, kriechenden, kletternden, von Stämmen herunterhängenden Farnen. Eine ungestüme, an fernste Urzeit erinnernde Gesellschaft, doppelt unheimlich dadurch, daß ihr Geschlinge und Gesprieße, ihre mit einem dicken, braunen, goldig glänzenden Pelz überzogenen Wurzelstöcke und Schäfte deutlich an animalische Formen erinnern.

Das nächste Haus. Hier finden sich Blumen und Sträucher aus Südamerika, aus Indien, von den Antipoden. In langer Reihe stehen üppig blühende Stauden, in Chile beheimatet, Schizanthus geheißen, deren Blust, grellrot, rosa, lila, violett, von ferne an unsere Balsamine erinnert, mit dem Unterschied, daß immer das mittlere obere Blütenblatt schwarz getigert ist. Etwas weiter steht ein Exemplar der australischen Prostanphera, ein großer, feinblättriger Strauch, überschüttet von einem Regen aus abertausend lila Blüten, welche das Aussehen von winzigen Löwenmäulchen haben. Der schönste Sendbote aus der Welt der Gegenfüßler aber ist der Callistemon, dessen nach allen Seiten ausbrechende Blütenbüschel zündrot und walzenförmig wie Flaschenputzer sind.

Nun gehört es sich, auch der Blütenwelt des Fernen Ostens zu gedenken; denn das Chinesische gibt diesem Garten, aus dem weithin sichtbar die geschwungenen Dächer einer Pagode ragen, recht eigentlich das Gesicht.

Nirgends haben sich Natur und Kunst inniger verschmolzen als bei den Erzeugnissen chinesischer und japanischer Blumenzüchter, und immer wieder stellt sich hier die Frage: hat uns die Kunst der Tuschmaler und Holzschneider so sehr beeindruckt, daß wir nun dazu neigen, die natürliche Vorlage als Kunstprodukt zu betrachten, oder aber ist das Gewächs durch jahrhundertelange Züchtung zu dieser letzten, reinsten Form geführt worden? Da ist zum Beispiel eine Kletterblume, Clematis armandii mit Namen, ein simpler Blütenstern, dessen Weiß einen Schimmer von Grün enthält. Die Blüte ist so einfach, daß man sie als gänzlich unverbildet ansprechen möchte; zugleich aber hat sie etwas so Eigentümliches, etwas so unverkennbar Chinesisches, daß man doch wieder zur Vermutung neigt, menschlicher Wille habe diese unübertreffliche endgültige Form mitgeschaffen.

Bei diesem Feuerbusch hingegen, der spalierartig eine graue Mauer überzieht, ist die Einmischung der Blumenkünstler ganz offenbar. Wie Buketts aus üppigen Zentifolienrosen sitzen die Blüten schön verteilt an den scharfgewinkelten Zweigen. Und auch die japanischen Kamelien, die duftlos wie wächserne oder blecherne Gebilde im dunkelgrünen Lack des Blattwerks leuchten, verraten deutlich die geduldige Absicht des Züchters.

Wir möchten noch zu den Palmenhäusern hinüber, zu den Teichen hinunter, wo tropische Sumpf- und Wasserpflanzen ihre phantastischen Blüten zwischen saftigen Blättern wiegen – aber es ist zu spät. Die Gittertore mit dem schöngeschlungenen Namenszug der neuen Semiramis werden geschlossen. Und das nächste Mal, wenn wir wiederkommen, werden wohl schon die Rosen blühen.

DER MEERGOTT AM BOULEVARD MONTPARNASSE

Ich hasse Interviews. Aber gemeinsame Freunde hatten den großen alten Mann ohne mein Zutun um eine Unterredung gebeten. Er hatte zugesagt unter der Bedingung, daß der Besuch nicht mehr als eine halbe Stunde dauern und daß ich meine Fragen im voraus zurechtlegen werde.

Meine Fragen? Was in aller Welt sollte ich Henri Matisse fragen? Die französischen Zeitungen pflegen die geringsten Einzelheiten über seinen Gesundheitszustand, seine Ortsveränderungen, Arbeit, Pläne in Wort und Bild und aller Ausführlichkeit mitzuteilen, so daß einer, der auf diesen Gebieten Fragen stellt, nicht Neugier, sondern bloß unentschuldbare Ignoranz bekundet. Oder sollte ich ihn fragen, ob die Arbeit für die Dominikanerkapelle in Vence, die ihn seit Jahren fast ganz in Anspruch nimmt, einem Herzensbedürfnis und echter Frömmigkeit entspringe oder am Ende nur Zeitvertreib und artistische Spielerei bedeute? Das erschien mir ebenso indiskret wie lächerlich. So hatte ich, als ich im dritten Stockwerk des großen Mietshauses am Boulevard Montparnasse den Klingelknopf drückte, das peinliche Gefühl eines Schuljungen, der unvorbereitet ins Examen geht.

Man führte mich in einen großen, teils als Salon, teils als Atelier dienenden Raum und bat mich um ein paar Minuten Geduld. Dankbar für die Galgenfrist und der Tatsache eingedenk, daß meine Kollegen aus der Umgebung ihres Opfers wesentliche Teile des Interviews zu bestreiten pflegen, sah ich mich um.

Die schönen, durch langen Gebrauch stark abgenutzten Möbel aus dem Dixhuitième, die Blumen, Bücher und Gegenstände des täglichen Gebrauchs unterschieden sich in nichts von den Dingen, die man bei jedem wohlhabenden Franzosen von Geschmack und Lebensart antrifft. Auffallend hingegen waren zwei Bildwerke, die sich an der Schmalwand gegenüberstanden: ein antiker Torso eines noch sehr jungen Mädchens und ein Totempfahl aus der Südsee, der von einer grellrot und weiß bemalten Teufelsmaske gekrönt wurde. Das Nebeneinander des grobkörnigen, honigfarbigen Griechenleibes und des barbarischen Götzenbildes war so lange verwirrend und unverständlich, bis ich das Bild, das zwischen den beiden hing, beachtete.

Es war ein Werk aus des Malers mittlerer Zeit, eine Odaliske darstellend, die mit untergeschlagenen Beinen auf einem weißen und schwarzen Schachbrettboden kauerte. Den Hintergrund bildeten ornamentale Formen, in welchen Rosa und Pistaziengrün vorherrschten.

Und siehe da: das Bild erwies sich als Synthese der scheinbar unvereinbaren, in der einen und anderen Skulptur zur Vollkommenheit ausgebildeten Form- und Kunstprinzipien. Das klassische Erbe, der Sinn für das Maß und die Harmonie waren in ihm ebenso gegenwärtig und mächtig wie die Neigung zum Urtümlichen, Ungeschlachten, Ab- und Untergründigen, die der Sendbote aus dem Exotenreich verkörperte. Und so vollkommen war die Verschmelzung und Durchdringung der beiden Elemente, daß mir Torso und Totempfahl wie ein Schlüssel- und Sesamwort erschienen zur geistigen Welt dieses Malers, der in der Dämmerstunde des Impressionismus die französische Malerei erneuerte und verjüngte.

Neben der Tür lehnte eine eben erst vollendete Arbeit, eines jener Klebebilder, durch die Matisse die Arbeit an seiner Kapelle unterbricht, ein Spiel mit abstrakten Formen, die in ungebrochenen roten, blauen, gelben, grünen Tönen leuchten. Das Gebilde, halb Dekorationsstück, halb Wandbild, mutete auf den ersten Blick an wie ein prächtiges exotisches Stoffmuster, wie ein übergroßes, mit subtilem Geschmack ausgeführtes Ornament. Dann aber entdeckte ich, daß die vielarmigen, seltsam geschwungenen Formen, die in der strahlenden Fläche schwammen, nichts von der Starre bloßer Schmuckstücke hatten, sondern lebten. Sie erinnerten an prall von steigenden Säften gefüllte Stengel, an primitive Meertiere, die sich im strömenden Element reckten und bogen. Und dort, wo diese niegesehenen Algen und Polypen den farbigen Grund sprengten und auf den weißen Bildrand hinauswucherten und sich schlängelten, entstand der Eindruck, daß sie weniger dem Willen des Künstlers als einem eingeborenen Gesetz gehorchten. Es sprach eine unbändige Lebensfreude und -kraft aus diesem Bild, und ich glaubte den Freunden, die mir versichert hatten,

Matisse sei mit seinen einundachtzig Jahren tätig und frisch wie ein Junger.

Und nun erschien er selbst. Er bewegte sich unsicher und schwerfällig, behindert durch die unförmig aufgeschwollene Masse seines Leibes. Ich erschrak. Da war nichts von der jugendlichen Straffheit und Behendigkeit seines Altersgenossen André Gide, der immer noch wie ein Fünfziger wirkt. Das war ein Greis mit allen Anzeichen des Alters und Zerfalls.

Aber dieses Erschrecken dauerte nur Sekunden. Denn kaum hatte er sein funkelndes Auge auf mich gerichtet, seine Stimme hören lassen, die wie das Knurren und Grollen eines Bären klang, da wußte ich, daß keine Müdigkeit, kein Verzicht in ihm war. Und nun erschien er mir nicht mehr alt, sondern zeitlos wie ein Meergott. Und als er sich dann gerade vor dem Klebebild in einen Sessel fallen ließ, schien es, als komme er geradewegs aus den Tiefen des Ozeans, als habe er die seltsamen Quallen- oder Algengebilde aus dem feuchten Element mit heraufgebracht.

Das Gespräch kommt schnell und leicht in Gang. Als er hört, daß ich eben aus Ravenna komme, will er wissen, wie man in der Grabkapelle der Galla Placidia das Problem der Beleuchtung gelöst habe. Ich sage, daß man dünne Marmorplatten, durch die das Licht nur tropfenweise dringt, in die Fensterhöhlen eingesetzt und so jenes geheimnisvolle Halbdunkel erzeugt habe, das den frühchristlichen Mosaiken zukommt. «Und man hat so», füge ich hinzu, «die unerträgliche Barbarei imitierter Glasmalereien sowohl als die den alten Kirchen unzuträglichen hellen Scheiben glücklich vermieden.»

Matisse widerspricht mit Vehemenz. «Man hätte moderne Glasmalereien anbringen sollen!» ruft er und führt mich in den als Atelier dienenden hinteren Teil des Raumes. Dort hängen, die ganze Wand und einen Teil des Fußbodens bedeckend, die originalgroßen Entwürfe für die Glasfenster «seiner» Kapelle in Vence. Auf saftgrünem Hintergrund zeigen sich wieder jene algenförmigen, diesmal grellgelben Gebilde, die ich auf dem Klebebild kennenlernte. Die Scheiben sollten, wie mir Matisse erklärt, nicht nur die Fensterwand des kleinen Gotteshauses farbig beleben, sondern durch ein genau berechnetes Spiel des Lichteinfalls auch die ihnen gegenüberliegenden, in reinem Schwarzweiß gehaltenen Kachelbilder durch Projektion kolorieren. «Es war nicht leicht», sagt er, «ich brauchte genau dieses Grün und dieses helle Gelb. Aber dann stellte es sich heraus, daß die gelben Partien mehr Licht durchließen, als gut war. Ich verzweifelte schon an einer idealen Lösung, aber dann verfiel ich auf diesen Ausweg: ich ließ die gelben Gläser matt schleifen. Dadurch wurde der Lichteinfall vermindert, und ich hatte trotzdem den Farbwert, den ich wollte.»

Und nun ist er im Zuge. Das Holzmodell der Kapelle wird herbeigeschleppt, das Dach abgehoben, jedes Detail vom Fußboden und Fenstersturz bis zur Form und Farbe der Dachziegel gründlich durchgesprochen. Aus der zugestandenen halben Stunde wird eine ganze, und auch dann ist er noch nicht am Ende.

Mit Wärme, mit Leidenschaft spricht er von der Schönheit und Tücke des Materials, von den Vorzügen dieser Gesteinsart vor jener anderen – von lauter Dingen des Handwerks also.

Man liest immer wieder, daß die mittelalterlichen Meister vor allem Handwerker gewesen seien und sich auch als solche gefühlt hätten, daß Künstlerstolz und -dünkel erst später, beim Beginn der Renaissance, sich eingestellt hätten. Hier, vor diesem mächtigen alten Mann und großen Künstler, aber frage ich mich, ob das Primat des Handwerklichen seit den Tagen van Eycks ernstlich je erschüttert wurde? Ob es nicht am Ende so war, daß die wirklich Großen ihm immer den Vortritt gaben und das Spekulieren, das Gescheitreden über die letzten Fragen der Kunst den kleineren und schwächeren Talenten überließen?

AUGENSCHEIN IN PARIS

Ein Kollege, seit zwei Jahren als Literatur- und Kunstkorrespondent in Paris stationiert, meint: «Es vergeht hier keine Woche ohne eine bedeutende Première, eine glanzvolle Ausstellungs-Eröffnung, eine wichtige literarische Neuerscheinung –, kurz, jeder dritte oder vierte Tag bringt ein künstlerisches Ereignis von Rang, das man keinesfalls versäumen darf.» Nach einer kleinen, nachdenklichen Pause aber fügte er hinzu: «Wenn man jedoch einmal ein paar Wochen abwesend ist, wenn man diese Bücher nicht liest, diesen Vernissagen und Erstaufführungen nicht beiwohnt, dann ist das, genau besehen, kein Schaden.»

Dieser Ausspruch schildert die geistige Situation dieser Stadt recht gut; denn tatsächlich: es ereignet sich hier fast unabsehbar vieles, aber es ereignet sich im Grunde nichts Wesentliches. Niemand spürt das deutlicher als einer, der, wie ich, nach langer Abwesenheit und für kurze Zeit nach Paris zurückkehrt. Der künstlerische Betrieb ist noch intakt, das Spiel vollzieht sich nach den alten Regeln, aber die Kräfte, die es antreiben und im Gange halten, sind noch immer dieselben wie damals, vor dem Kriege. Und wenn man nach dem Nachwuchs fragt, so erhält man ausweichende, verlegene oder auch unumwunden verneinende Auskünfte.

Jean-Louis Barrault zum Beispiel, der Schauspieler und Regisseur, von dem man wohl annehmen darf, daß er etwa sich meldende Kräfte als einer der ersten zu spüren bekommt, gab mir, als ich wie Diogenes mit der Laterne auf der Menschensuche zu ihm kam, diese Antwort: «Die Jungen? Oh, ich habe volles Vertrauen in sie. Sie sind anders als wir mit zwanzig waren, härter vor allem und illusionslos. Sie haben erfahren, wie fragwürdig, wie brüchig alle Werte, Ideen und Einrichtungen sind; sie werden nicht, wie wir es taten, auf jeden Bluff und Schwindel hereinfallen.»

Nun, ich habe den Satz von der Härte und Illusionslosigkeit der Jugend in letzter Zeit zur Genüge gehört (in Deutschland vor allem begegnet man ihm auf Schritt und Tritt), – ich möchte wissen, welche Früchte diese vielgerühmte Haltung schließlich und endlich zeitigt. Aber da wurde mein Auskunftgeber sichtlich unsicher. «Wenn Sie nach Ansätzen, nach neuen Tendenzen, nach Resultaten gar suchen, dann müssen Sie einen andern fragen. Ich bestelle, wie Candide, meinen kleinen Garten, das Theater, ich feile und hämmere an meinem Handwerk, an der Schauspielerei. Das ist, glaube ich, das einzige, das beste, was ich im allgemeinen Interesse tun kann. Was sich außerhalb meines Gartenzauns abspielt, davon sehe und höre und weiß ich nichts.»

Ich ließ mich nicht entmutigen und fragte weiter. Meinen alten Freund Jean Effel unter andern, Effel, der nicht nur ein genialer Karikaturist, sondern auch ein Mensch ist, der seine Umwelt mit seltener Unvoreingenommenheit und Aufgeschlossenheit beobachtet. Ein Ur-Pariser obendrein, der, von der Narrenfreiheit des professionellen Spaßmachers profitierend, bei der

Linken wie bei der Rechten seine Freunde hat und mit der Sicherheit des geborenen Satirikers die Spreu vom Weizen zu sondern weiß.

Aber auch er wußte keinen Rat. Ohne Umschweife stellte er schlicht und einfach fest, daß es bei den Jungen nichts gebe, was die Aufmerksamkeit wert sei. Dann sprach er von den frechen Faun-Zeichnungen, die Picasso kürzlich in einer kleinen Galerie dem Entzücken der einen, dem Entsetzen der andern preisgegeben hatte.

Und damit war das Gespräch einmal mehr bei jenen Erscheinungen angelangt, die ich die «Wundergreise» nennen möchte. Bei jener alten Garde, die hoch in den Sechzig und Siebzig steht und trotzdem noch immer die Avantgarde darstellt: Picasso, Gide, Chagall und so fort.

Wundergreise nicht nur, weil sie die Kunst, sondern auch weil sie das Leben besser als die meisten Jungen meistern. Picasso und Chagall zum Beispiel haben vor nicht langer Zeit ausnehmend hübsche, blutjunge Frauen geheiratet und lassen sich nun mit Vorliebe zusammen mit den prächtigen Buben photographieren, die der eine wie der andere auf die Welt gestellt hat.

Von Picasso sah ich – ein großes Privileg! – das neueste graphische Werk, mit dem er in Kürze die Welt überraschen wird. Es ist eine Folge von Sonetten seines Landsmannes, des Barockdichters Don Luis de Gongora, die er im spanischen Text mit seiner wundervoll eigenwilligen, prachtvoll ornamentalen Handschrift auf Kupferplatten geritzt hat. Zu jedem der mit kühnen Randzeichnungen und Schnörkeln verzierten Schriftblätter schuf er einen Frauenkopf, halb naturalistische, halb abstrakte Heldenweiber, deren mit wenigen, präzisen Strichen angedeutete Physiognomien von gewaltigen Löwenmähnen umwallt sind –, ausgeführt in einer Technik, die der große Magier und Materialliebhaber eigens zu diesem Zweck erfunden hat, und die er «aquatinte au sucre» nennt.

Chagall besuchte ich in Orgeval, wo er eine weitläufige, mit hölzernen Giebeln und Türmchen grotesk verunzierte, im Zustand halben Verfalls aber phantastisch und hochpoetisch anmutende Villa gemietet hat. Das verwunschene Haus steht etwas außer- und oberhalb des Dorfes, inmitten eines völlig verwilderten Parkes. Da haust er nun, der alte Zauberer, der seit dreißig oder vierzig Jahren immer dasselbe malt: seltsame Traumgebilde, heraufgeholt aus einer uns fremden und fernen, aus uralt russisch-jüdischer Vorstellungswelt, Liebespaare, die auf Blumensträußen entschweben, betrunkene Bauern in einer verkehrten Welt, unheimlich menschlich anmutende Hähne und Pferde, aus Mensch und Tier und Pflanze wunderlich zusammengestückte Fabelwesen. Immer dasselbe. Aber o Wunder: immer wirkt es neu und niegesehen, und niemals verfehlen seine krausen Zauberzeichen ihre Wirkung.

Er traktierte das Kunstvolk, das sich an diesem Sonntagnachmittag in seinem Hexenhaus eingefunden hatte, auf russisch-orientalische Art mit Tee und Mandelgebäck; dann führte er uns durch die Gartenwildnis, wo Elstern und Häher in Schwärmen kreischend aus dem Dickicht aufflatterten. Schließlich, als die Mehrzahl der Gäste sich verlaufen hatte, ließ er sich herbei, uns seine neueste, noch in den Staaten entstandene Werkfolge zu zeigen.

Wir stiegen ins Obergeschoß hinauf und sahen über die mächtigen Wipfel der Parkbäume hinweg das Dorf Orgeval, um seine romanische Kirche geschart, vor uns liegen. Der Turm, rund, mit hohem steinernem Helm, strebte silbergrau aus den eng ineinandergeschachtelten Häusern, aus der lastenden Masse der großen, dunkeln Dächer. Dahinter dehnte sich die Landschaft der Ile de France, lieblich und großartig zugleich, von gewaltigen Baumgruppen und kreuz und quer gezogenen Hecken bestimmt, übergossen vom weichen Perlmutterlicht eines Spätjahr-Nachmittags. Chagall verweilte einen Augenblick vor diesem reichgegliederten, durch die Silberpyramide des schönen Turms zusammengefaßten Bild. Dann sagte er: «Wenn man das sieht, überkommt einen manchmal die Lust, Impressionist zu werden.»

Keine Angst! Die Bilder, die er uns gleich darauf zeigte, bewiesen, daß er nicht daran denkt, seiner vom Impressionismus durch eine Welt getrennten Eigenart untreu zu werden.

Es waren dreizehn große Blätter, in Gouache ausgeführt, Entwürfe zu einer Lithographienfolge, die ein amerikanischer Verleger bestellt hatte und denen Motive aus «1001 Nacht» zum Vorwurf dienten.

Will man es einem Maler verdenken, wenn er seine Werke mit gehörigem Aufwand vorstellt, wenn er sie regelrecht in Szene setzt und dafür ebensoviel Ingeniosität aufbringt wie irgendein Theater- oder Ballett-Regisseur? Jedenfalls: die Art und Weise, wie Chagall seine Märchenbilder zeigte, trug ein Erkleckliches bei zu dem Kunstgenuß, der uns zuteil wurde.

Chagall ging zu einer Mappe, entnahm ihr das erste, in einen hellen Passepartout gefaßte Blatt und stellte es auf die durch eine Scheinwerferlampe hell erleuchtete Staffelei. Das Bild, ganz in einem kostbaren, tief und stark leuchtenden Smaragdgrün gehalten, war angefüllt mit einer großen Anzahl kleinerer und größerer Figuren, die, schattenhaft in der grünen Fläche schwimmend, sich nicht anders ausnahmen als Fische, welche man, über das Geländer gebeugt, auf dem Grund eines glasklaren Gewässers wimmeln sieht. Es waren teils anziehende, teils beängstigende Gestalten, Fabelwesen, den Sirenen und Nixen verwandt, aber aus ganz andern Bereichen stammend als die Fischmenschen der griechischen und deutschen Märchen. Trat man näher, so entzückte das Minen- und Gebärdenspiel der Meerfrauen und fischschwänzigen Wechselbälge; entfernte man sich, so erkannte man nur noch das Ziehen und Fluten des in geheimnisvollem Unterwasserlicht leuchtenden Grün.

Noch hatten wir die Schönheit dieses Blattes nicht gänzlich ausgekostet, da hatte der freundliche Zauberer mit dem listigen Fuchsgesicht und den zierlichen, um die Ohren hängenden Löckchen schon ein zweites an seinen Platz gestellt.

Aus grün war mit eins rot geworden, ein strahlender Zusammenklang heller warmer Töne, die allesamt dem Fleisch reifer südlicher Früchte entnommen schienen. Vorherrschend war das heftige, durchsichtig schimmernde Rot des halbgeöffneten Granatapfels, und von ihm spielte es hinüber in allen Schattierungen bis zum dunkeln Purpur, bis zu heftigem Orange. Als Inhalt hatte das Blatt die Welt der Huris und Perserprinzen –, überschlanke Gestalten in Prunkgewändern, geschmückt mit allen Kostbarkeiten des Morgenlands. Ja, der Maler hatte es gewagt, den Eindruck des Prächtigen dadurch auf die Spitze zu treiben, daß er Flitter und Splitter aus Blattgold in die Malerei einsprengte. Wie eine hellschmetternde Türkenmusik wirkte das Blatt, wie erfüllt vom Geklingel des Schellenbaums, vom metallischen Schlag der Zimbeln und Triangel.

Das Auge war noch trunken von dem rotgoldenen Geflimmer –, da stand schon wieder ein neuer Anlaß des Entzückens im Scheinwerferlicht. Blau war diesmal an der Reihe. Nichts als blau. Und eine einzige, nur flüchtig angedeutete Figur an Stelle des Gewimmels bei grün und rot: der Schatten eines Wüstenreiters. Aber rings um diesen Reiter taten sich Räume auf, aus denen blau wie aus unversiegbaren Quellen troff, öffneten sich Grotten und Höhlen, angefüllt, überquellend von blau. Aus einiger Distanz gesehen aber stellte sich das Blatt dar als ein großer, kunstvoll und unregelmäßig geschliffener Riesensaphir, der, kaltes blaues Feuer aus jeder Facette sendend, sich langsam in einem unwirklichen Licht drehte.

Als der Maler das nächste Bild holte, stellte er den blauen Reiter nicht weg, sondern schob ihn nur ein wenig beiseite; denn er wußte wohl, daß das, was er nun zeigte, durch den Kontrast mit dem vorausgegangenen nur gewinnen konnte.

Ein größerer, gewaltsamerer Gegensatz war nicht denkbar; denn neben der traumhaften Ungeformtheit des blauen Blattes stand nun eines, das gerade durch seine bestimmte, unerhört kühne Form bestach. Es zeigte auf dunkelm Grund ein weißes Flügelroß, dessen wild gespreizte Schwingen blutrot leuchteten. Und nun ging der Blick unaufhaltsam hin und her, von der Zaubertiefe des einen zur fast brutalen Deutlichkeit des andern, vom zauberisch zerfließenden Blau hier zum triumphierenden Weiß-Rot dort.

Und so ging es weiter, von Entzücken zu Entzükken. Alle Farben des Spektrums wurden abgewandelt, gegeneinander gestellt, ineinander verwoben. Und immer neue reizende und unheimliche Gestalten, Tiere, Gesichter, Traumszenen tauchten auf, lächelten uns an, verblaßten, wurden von neuen, noch erstaunlicheren abgelöst. Dann aber, als alle dreizehn Blätter nebeneinander an der weißgetünchten Mauer standen, ereignete sich ein neues Wunder: Was eben noch als Gegensatz, als brüsker Wechsel von einer Welt in die andere verblüfft hatte, verband sich nun, in den Zusammenhang gestellt, zu vollkommener, beglückender Harmonie.

Habe ich mich zu lange beim Zauberer von Orgeval, bei den «Wundergreisen» überhaupt aufgehalten? Ach, man nimmt das Schöne, wo man es findet, und wenn es einen auch tief beunruhigt und verwirrt, daß das Schöpferische scheinbar ganz die Domäne der Alten geworden ist, wenn man sich nur schwer mit dem Gedanken abfindet, daß die Jungen nichts Wesentliches vorzuzeigen haben, so ist es doch ein Trost, so versöhnt es doch mit dieser Stadt, wenn der alte Chagall, der eben erst den amerikanischen Komfort mit der Wildnis von Orgeval vertauscht hat –, wenn Chagall einem beim Abschied wie ein Geheimnis den Satz zuflüstert: «Was wollen Sie, arbeiten kann man eben doch nur in Paris!»

DAS RECHT AUF DIE PRIVATE SPHÄRE

Nun sind, nach einer schon bald unübersehbaren Reihe von Briefen an minder illustre Adressaten, auch die vom Januar 1914 bis zum Tode des Dichters (1922) an André Gide gerichteten Botschaften Marcel Prousts erschienen. (Marcel Proust: «Lettres à André Gide – Idées et Calendes», Neuchâtel et Paris.) Sie zählen zum Gewichtigsten in des Autors epistolarer Hinterlassenschaft; und das nicht allein deshalb, weil hier der Verfasser von «A la Recherche du Temps Perdu» zu jenem von «Si le Grain ne meurt» spricht, sondern auch weil es sich beim Empfänger um den Spiritus rector der Nouvelle Revue Française und somit um den Verleger des Schreibenden handelt. Der Reiz dieser Briefe besteht denn auch nicht zuletzt darin, daß sich Proust abwechslungsweise an den einen und andern wendet, daß er bald den Bruder im Geiste und bald den allmächtigen Literaturpapst anspricht. Die Bewältigung dieser Doppelrolle nötigt den Dichter, dem schon die einfachste menschliche Beziehung zum Problem wird, zu einem kunstvoll verschränkten Wechselspiel von Gefühlsoffenbarung und -verschleierung – zum Inbegriff dessen, was Prousts Umgang mit Menschen zu einem einmaligen und faszinierenden Phänomen macht.

Dieses Phänomen bestand aus dem Kunstgriff, die Menschen gleichzeitig anzuziehen und abzustoßen, sie solange in Reichweite und zur Verfügung zu halten, als sie dem Werk – sei es als Modell, sei es in anderem Bezuge – dienstbar waren, sie aber gleichzeitig so weit sich vom Leibe zu halten, daß sie dieses Werk in keiner Weise stören konnten. Er ging dabei so vor, daß er seine Freunde mit der ausgesuchtesten Liebenswürdigkeit überschüttete, allen Besuchen und andern Annäherungen jedoch mit dem Hinweis auf seine Krankheit zuvorkam. Er erreichte damit, daß das Objekt dieser Strategie an seiner empfindlichsten Stelle – der Eitelkeit – getroffen wurde und fortan um den Dichter wie ein Trabant um einen Himmelskörper kreiste, unfähig, sich von ihm zu entfernen, und unfähig auch, sich ihm zu nähern.

Es war ein Manöver, das den armen Proust unzählige Briefe und schnell hingeworfene Zettelbotschaften kostete und bei dem er sich, aller Vorsicht und List zum Trotz, bisweilen doch ertappen ließ wie ein Schuljunge. So, wenn der beharrlich ferngehaltene Gide schließlich doch einmal unangemeldet vorspricht und den Bescheid erhält, daß der angeblich todkranke und selbst zum Sprechen unfähige Proust in Frack und Claque dinieren gegangen sei...

Das alles ist, wie gesagt, nicht neu. Wir kennen es aus aberhundert Briefen, die alle dasselbe zugleich bezaubernde und enttäuschende Schauspiel bieten: sie scheinen ein Herz in seiner ganzen Blöße zu zeigen und geben im Grunde gar nichts preis. Und dies vor allem: sie lassen niemand – und auch nicht den so sehr umworbenen, umschmeichelten Gide – den flüchtigsten Blick in das im Werden begriffene Werk tun.

Denn wenn der Partner auch nur von ferne auf dieses anspielt, so verwandelt sich der sonst so sanfte, so zuvorkommende und mitteilsame Proust sogleich in eine grimme Löwin, die ihr Junges verteidigt. Nicht nur, daß er sich über seine Pläne und Absichten ausschweigt – selbst der für einen Freund und Verleger durchaus legitime Wunsch Gides, Einblick in die Druckfahnen eines Bandes der «Recherche» zu erhalten, wird höflich aber bestimmt abgeschlagen. Das Werk dürfe nur als Ganzes gelesen werden, die vorliegenden Fahnen seien noch nicht korrigiert und selbst die korrigierten noch weit vom endgültigen Zustand entfernt, und was dergleichen Ausflüchte mehr sind. Kurz, das Werk ist für den Briefschreiber Proust tabu, und der Leser, welcher Auskünfte über dieses erwartet, hat sich mit wenigen, höchst summarischen Andeutungen abzufinden. Mit der Briefstelle etwa, wo Proust sagt, daß er zwar seine ganze Anstrengung darauf verwende, ein Buch zu komponieren, sich aber nachträglich bemühe, die Spuren der Komposition so weit wieder zu verwischen, daß auch der beste Kritiker darin nur noch Nach- und Fahrlässigkeit zu sehen vermöge. Oder mit dem Geständnis, daß er «durch Ermüdung, Faulheit oder Langeweile daran gehindert werde, irgend etwas zu beschreiben, was ihm nicht entweder den Eindruck poetischer Verzauberung oder aber die Erkenntnis einer allgemeinen Wahrheit vermittelt habe».

Ein paar wenige Stellen dieser Art sind denn auch das einzige, was sich als Gewinn dieser Lektüre dem

Gedächtnis einprägt, und man kann sich, wenn man das Büchlein aus der Hand gelegt hat, der Frage nicht erwehren, ob Veröffentlichungen von rein persönlichen, privaten Dokumenten dieser Art einen Sinn haben – ja, ob der Empfänger die Berechtigung besitze, sie der allgemeinen Neugier preiszugeben?

Daß Proust selber diese Frage verneint hätte, geht schon daraus hervor, daß er die an ihn gerichteten Briefe seines Freundes Gide sämtlich zerstörte. (Die drei Zuschriften des Empfängers an Proust, welche in diesen Briefband eingeschoben sind, verdanken wir der Tatsache, daß Gide die Kopien aufbewahrt hatte.)

Aber es braucht dieses Indiz gar nicht. Wir kennen Prousts mimosenhafte Empfindlichkeit, seinen oft geradezu krankhaft übersteigerten Respekt vor der privaten Sphäre gut genug, um zu wissen, daß ihm der Gedanke an eine Veröffentlichung seiner Korrespondenz ein Greuel gewesen wäre. Woher nehmen seine Freunde da die Legitimation, Briefe, die an Gehalt nicht mehr aufweisen als ein beiläufiges Telephongespräch, herauszugeben und so Krethi und Plethi in die heimlichen Bezirke des Dichters einbrechen zu lassen?

Es läßt sich zu ihrer Verteidigung nicht mehr vorbringen, als der Hinweis auf das Gewohnheitsrecht und auf die Tatsache, daß eine ganze Reihe von Dichtern gegen die posthume Veröffentlichung ihrer Korrespondenz nichts einzuwenden hatten, ja sie ausdrücklich wünschten und förderten. Und selbstverständlich wird man dabei auch an das jüngste und erstaunlichste Beispiel der Selbstpreisgabe von Intimstem erinnern, an die Publikation des Briefwechsels André Gide – Paul Claudel zu Lebzeiten der beiden Dichter.

Vom eigenen Mut und Drang zum öffentlichen Bekenntnis auf denjenigen anderer zu schließen und daraus das Recht auf die private Sphäre eines Toten abzuleiten, diese Haltung scheint mir, rein menschlich gesehen, denn doch recht fragwürdig zu sein, und ich zweifle, ob sie sich durch den Anspruch der Wissenschaft auf den Nachlaß eines Genies rechtfertigen lasse.

Denn dieser Anspruch der Wissenschaft – ein weiteres und vielleicht das stärkste Argument der Herausgeber von Privatbriefen –, die Gewohnheit, alles, was mit den äußeren Lebensumständen, den Liebeshändeln, der Krankheitsgeschichte eines Dichters, Malers, Musikers zusammenhängt, öffentlich breitzuschlagen, hat in den letzten Jahrzehnten recht zweifelhafte Früchte gezeitigt. Die angelegentliche Beschäftigung mit dem Leben van Goghs zum Beispiel trug zwar viel zur Popularisierung seines Werkes bei, machte es aber jenen, die Kunstbetrachtung von Sentimentalität und Schwarmgeisterei zu trennen gewohnt sind, schwerer zugänglich und in einem gewissen Sinne fatal...

Nun, wir werden die Liebhaber der Anekdote und der über Respekt und Pietät sich kühn hinwegsetzenden Künstlerbiographien nicht davon abhalten, weiterzuforschen und auch das Heimlichste, Verborgenste ans Licht zu ziehen; doch können auch sie uns nicht hindern, uns Gedanken über ihr Tun zu machen und Shakespeare glücklich zu preisen, dem es gelang, seine Lebensspur so gründlich zu verwischen, daß das Interesse der Nachwelt zur Gänze auf das Werk gelenkt wurde.

QUELLEN

Jene Steppe mitten in Berlin. Die Weltwoche, Zürich, 3.1.1947, Nr. 686

Kriminelle Jugend in Berlin. Die Weltwoche, Zürich, 5.7.1946, Nr. 660

Das andere Berlin. Die Weltwoche, Zürich, 27.12.1946, Nr. 685

Im Geisterzug durch Deutschland. Die Weltwoche, Zürich, 3.1.1947, Nr. 686

Von Fürst zu Fürst – eine herbstliche Reportage. Die Neue Zeitung, München, 3. + 6.10.1947, Nr. 79/80

Thomas Mann in Deutschland. Tages-Anzeiger, Zürich, 30.7.1949, Nr. 176

Der Vikar von Northampton. Die Neue Zeitung, München, 4.2.1949, Nr. 14

Kew Gardens, Anfang Mai. Die Weltwoche, Zürich, 6.5.1949, Nr. 808

Der Meergott am Boulevard Montparnasse. Die Neue Zeitung, München, 21.10.1950, Nr. 250

Augenschein in Paris. Die Weltwoche, Zürich, 26.11.1948, Nr. 785

Das Recht auf die private Sphäre. Die Neue Zeitung, München, 3.5.1950, Nr. 102